U1002443

叶圣陶论写作

叶圣陶 著
李怀源 选编

江苏凤凰教育出版社
Phoenix Education Publishing, Ltd

图书在版编目（CIP）数据

叶圣陶论写作 / 叶圣陶著，李怀源选编. —南京：江苏凤凰教育出版社，2016.12

ISBN 978-7-5499-6060-6

Ⅰ.①叶… Ⅱ.①李… Ⅲ.①汉语—写作—研究 Ⅳ.①H15

中国版本图书馆 CIP 数据核字（2016）第 230625 号

书　　名	叶圣陶论写作
作　　者	叶圣陶著　李怀源选编
责任编辑	雷利军　沈倩倩
出版发行	凤凰出版传媒股份有限公司 江苏凤凰教育出版社（南京市湖南路 1 号 A 楼　邮编 210009）
苏教网址	http：//www.1088.com.cn
照　　排	北京世纪鸿文制版技术有限公司
印　　刷	三河市九洲财鑫印刷有限公司
厂　　址	河北省三河市灵山大口
开　　本	787 毫米×1092 毫米　1/16
印　　张	12.5
字　　数	168 千字
版　　次	2017 年 1 月第 1 版　2017 年 1 月第 1 次印刷
书　　号	ISBN 978-7-5499-6060-6
定　　价	30.00 元
网店地址	http：//jsfhjycbs.tmall.com
邮购电话	025-85406265，85400774　短信　02585420909
E - mail	jsep@vip.163.com
盗版举报	025-83658579

苏教版图书若有印装错误可向承印厂调换

提供盗版线索者给予重奖

代　序

习作是怎么一回事

——《集体习作实践记》序（节选）

叶圣陶

习作到底是怎么一回事？教学国文的双方似乎都不大问，其实是应该问的。

如果回答：课程标准规定有习作一项，所以要习作。这不能算回答，因为没有说明白习作是怎么一回事。

如果回答：一个人需要写文章，习作就是学习写文章。这是回答了，因为说明白是怎么一回事了。

可是，一个人为什么定要写文章呢？照普通见解说，写文章是文人的事儿。一个人工人，农民，商人，什么都可以做，哪有注定做文人的？既然不注定做文人，为什么定要写文章？

话似乎应该这么说：我们且把文人和文章撇开。人人做文人，决无此理。习作的目的不在学习写文章，预备做文人。——这是一层，属于消极方面的。

一个人固然什么都可以做，可是无论什么人都有意思情感，而且，无论什么人都生活在人群中间，随时有把意思情感发表出来的需要。发表可以用口，可以用笔，比较起来，用笔的效果更大。因此，人人都要学习用笔发表，人人都要习作。

用口发表，凭借的是语言。用笔发言，凭借的是文字。语言与文字其实是二而一的东西。在通行了口语文的今日尤其如此，语言说“今天早上”，文字也写“今天早上”，语言说“物价涨得太利害了”，文字也写“物价涨得太利害了”。只要说得不错，写出来一定不错，除了写别字以及写不出那个字以外，写的方面是没有多大问题的。工夫还得用在说的方面，写得好就因为说得好。

至于说，当然不只是运动发音机关，发出一串语音来。说些什么，怎么个说法，都得凭个人的经验作底子。换一句说，都得凭各人的世界观，人生观，以及语言习惯作底子。底子不好，无论如何说不好。说好话写好文字的人，其实不是他们的话好文字好，是他们的底子好。

到这儿，习作是怎么一回事的问题可以回答了。习作是凭各人的底子，努力说好话，把它写出来。就是这么一回事。——这又是一层，属于积极方面的。

凭各人的底子，努力说好话，其实就是一串思想过程。

有一派心理学者说，思想是不出声的语言。凭经验，我们可以承认这个话。我们不能空无依傍地思想，我们思想依傍语言。想这个，想那个，就是不出声的说这个，说那个。先怎么想，后怎么想，就是不出声的先怎么说，后怎么说。朦朦胧胧的思想就是七零八落的语言，如果说出来，不成其为话。清清楚楚的思想就是有条有理的语言，如果说出来，就是一番好的话。思想与语言也是二而一的，把前面说的调过来说，语言是出声的思想。

这样看来，又可以说习作就是练习思想。

总括以上的意思：因为要发表，所以要习作。习作就是练习说话，也就是练习思想，把那结果写出。

关于练习，还有些话可说。譬如学数学的人翻开一本数学教本，那上面有若干题目，布多少钱一尺，五尺该多少，一块地东西多宽，南北多长，面积该多少，他就一一计算，这叫做练习。实际上他并不买布，并不量地，只是假定有那么一回事而已。因此，似乎所谓练习是应付假设的事，不是实际生活中的事，是准备阶段的事，不是当前受用的事。其实不然，虽不买布，但买米买柴同样可以用买布的计算方法。所以练习也是实际生活中的事，也是当前受用的事。

至于习作尤其如此。你必须有一些材料，一番意境，才可以习作。材料是实际生活中得来的，意境是此时此地想起的，你凭这些个来练习说话，练习思想，绝非应付假设，绝非为他日的说话思想作准备。你练习得好，就是当前说好了一番话，想好了一段思想。所以习作也是一种实际生活，不是假设的游戏。

1946年5月30日作，署名叶圣陶。
于在春著《集体习作实践记》由永祥印书馆出版。
载《叶圣陶集》15卷，119～122页。

编写说明

本书分为代序、编写说明、总论、正文、附录、后记这几个部分。代序是叶圣陶（为了表示尊重，于下文中合适的地方称“叶老”）所写的《习作是怎么一回事——〈集体习作实践记〉序》的节选内容，阐述了叶老对习作的基本观点；编写说明对本书的大体特点进行了介绍；总论是对叶老写作教学思想的梳理；正文按照叶圣陶论写作原理、叶圣陶论写作教学、叶圣陶论写作策略三章来呈现，选编了叶老关于写作的十五篇文章；附录分三个部分：叶老参与编写的语文课程标准、《国文百八课》中的写作体系、叶老写作教学思想的关键词。叶老参与编写的语文课程标准对写作目标、写作内容、写作教学、写作评价都有涉及，语言简洁，细致明确，值得我们认真学习。《国文百八课》是想呈现一个写作教材编写的样例，本来是想作为单独的一章，但想到该书是叶老和夏丏尊先生合作的成果，如果作为叶老写作教学思想的一部分，不够严谨，所以就以附录的形式把大体的结构呈现出来，给读者一个启示，使读者看到写作教学的序列，明确写作教学应该培养学生哪些方面的写作能力。提取叶老写作教学思想的关键词，是希望读者能够通过叶老对关键词的界定，清楚写作的核心要素。

对这些内容的选编，希望能够符合下面的标准。

1. 以“论”为主要的叙述方式。“论”有讨论、议论、论证、辩论的意思，区别于叶老文章中“谈”的部分。本书中，编者挑选的都是论点明确、逻辑性强的文章，而未选聊天式的、内容相对松散的文章，这样就保证了选文的“论”的体式。

2. “背景提示”部分对选文的论点、论据和论证过程做出简要说明，努力为读者提供清晰的思考路径。

3. 这本书的定位是针对语文教师和教研工作者的，不是针对中学生的作文指导书。

4. 写作的序列，是以《国文百八课》的目录为体系，并基于文体学习的写作教材：一是分不同阶段安排，符合学生学习的规律；二是能够区分不同的文体，按照文体学习，学生有相对清晰的认识。

5. 为了表述的统一，除了叶老的原文之外，本书统一按照“写作”来表述。

选文是编者之文，更应该是读者之文。虽然编者做了些选择和导读的工作，但是更希望读者在读这些文章的时候，能够结合自身的实践，获得更多的启迪。

目　录

Contents

总 论

叶圣陶写作教学思想述评

写作教学思想是叶圣陶语文教育思想的重要组成部分。叶圣陶写作教学思想具有重学生、重语用、重实践的基本特征，是具有前瞻性和实用性的写作教学思想。

一、叶圣陶写作教学思想概述

叶圣陶给出的好文章的标准可以概括为“理真”“情切”“意达”。“理真”是思想标准，“情切”是情感标准，“意达”是语言标准。

叶老的写作教学思想，是围绕着如何让学生写出符合标准的好文章展开的。简而言之，就是“训练思想”“培养情感”“组织语言”。这一切又是以学生的实际生活为基础，与学生平时“精密的观察”“深入的体味”密切相关的。

叶老写作教学思想的表述方式并不统一。看叶老所有关于写作的文章，文章题目的关键词大概可以分为四类：“作文”“写作”“习作”“写话”。以“作文”为关键词的，如《对于小学作文教授之意见》《作文论》《作文的练习——跟北师大女附中语文教师讲话的提纲》《作文要道——跟〈写作〉杂志编辑人员的讲话》《作文必须老实——在“外空探索”作文比赛发奖会上的讲话摘要》；以“写作”

为关键词的，如《写作什么》《怎样写作》《论写作教学》《漫谈写作》《和教师谈写作》《阅读是写作的基础》；以“习作”或“写话”为关键词的，如《习作是怎么一回事——〈集体习作实践记〉序》《写话》。

在叶老的写作教学思想中，“作文”“写作”“习作”“写话”究竟有没有区别呢？叶老除了明确指出“习作就是学习写文章”，对“作文”和“写作”并没有给出明确的概念，往往在同一篇文章中混用，如“我们自己去思索关于作文的法度、技术等等问题，有所解悟，自然每逢写作，无不如愿了”。可见，叶老认为读者都会明白，也就不再解释。“作文”“写作”无非都是写文章，“习作”是学习写文章，如果硬要有所区分，只能说是阶段不同，“习作”“作文”适用于学生，而“写作”倾向于创作，多指成熟作者的文字创作活动。

二、叶圣陶写作教学思想探源

叶老的写作教学思想既继承了中国古代写作思想，也是他自己长期进行写作实践和教学实践的结果。

（一）与中国古代写作思想的关系

中国古代写作思想有三个主要特点：一是强调写作的社会功能；二是重视感性体悟与高度抽象相结合；三是要求发挥古汉语的优势与特长，高度重视语言的完美。“太上有立德，其次有立功，其次有立言，虽久不废，此之谓不朽。”立德、立功、立言，曾经是古代文人的最高价值追求，虽然不能一一对应到写作，但是，也可以从一个角度反映出作品与人的发展的关系。立德、立功、立言，和叶老所说的“思想”“情感”“语言”是基本对应的，主要区别是古人强调为他人而写作，而叶老更强调为自己而写作。

写作的社会功能是经儒家大力提倡而盛行于世的，经世致用成为对文章的要求。所以就有了文章的“明道”“载道”，以至于走向后来的八股取士。写作成了特定社会阶层的高雅活动，只有在象牙塔里的人才能写作。叶老则不这样认为，他说：“人类是社会的动物，从天性上，从生活的实际上，有必要把自己的观察、经验、理想、情绪等等宣示给人们知道，而且希望愈广遍愈好。”人人都可以成为作者。叶老立足中国古代写作思想，淡化了文章的社会功能，认为写作是抒发作者情怀的过程，是一个人真实的表达。“写出诚实的、自己的话”，把自己要说的话写下来，让读者能够看懂，就是写作了。文章的技法是次要的，文字的真实感人才是主要的。

“文章本天成，妙手偶得之”是对中国古代写作思想重视体悟与灵感的生动描述。叶老也继承了这一观念，他认为，个人对生活的观察和感悟是写作的源泉，只有有好的生活，才能够有好的文章。不能观察生活，不能记录生活，是写不出好文章的。

中国古代写作思想重视语言的完美，以至于后来走向程式化。叶老反对说别人的话，反对“代圣人立言”，他追求的是说“诚实的、自己的话”。他曾经这样说：“八股是明太祖所制定，内容要‘代圣人立言’，这是不要说自己的话，而要代替圣人说话，说一番比圣人所说的更详尽的话。八股的形式也有规定，起承转合，两股相对，都不容马虎。”叶老极力反对八股式的语言，反对追求华丽的语言，主张追求真实的、有效的语言。

（二）与做人的关系

“文如其人”是中国古代文学评论中特别强调的一点，但是，文人们追求的精神境界，还是在为社会服务，是去激励他人。叶老认为，写作需要建立在自己做人的基础上。“看它们的性质，本应是一本叫作《做人论》里的章节。”

写作应以“立诚”为本，“写出诚实的、自己的话”。这种“诚实的、自己的话”不是未经思考、未经推敲的话。一个人固然要遵循自己内心的需求，但是内心是要经过修炼的：一是要不断地观察；二是要不断地反思，将对现实的反映与内心的真实想法进行对照。他认为，“要使生活向着求充实的路，有两个致力的目标，就是训练思想与培养情感”。叶老认为，训练思想和培养情感是一个人提升生活品质、提高品德修养的有效途径。只有这样培养出来的人，才能真正写出“诚实的、自己的话”，而这些话不但对自己有用，而且对他人有启发作用。

叶老不但明确提出了做人对写作的影响，也发现了写作对做人的影响。写作的过程是梳理思维的过程，是组织语言的过程。只有不断地写作，不断地思考与表达，一个人的思想和情感才能不断地发展。

（三）与阅读的关系

叶老提出，“阅读习惯不良，一定会影响到表达，就是说，写作能力不容易提高。因此，必须好好教阅读课”。这就需要教师“把词句讲清楚，把全篇讲清楚，作者的思路是怎样发展的，感情是怎样表达的”。也就是说，教师要能够培养学生体悟文章写法的能力，使学生从阅读中感悟作者的谋篇布局及词语运用。这样读得多了，思考得多了，吸收得多了，学生就会有自己的思维能力，有自己的情感体验，有自己的语言积累，这些都是对写作有益的。

叶老明确指出，“阅读的文章并不是写作材料的仓库，尤其不是写作方法的程式”。叶老主张由读学写，强调阅读是培养学生思维的过程，而不是简单地模仿写作的过程。学生能够从阅读中学习作者的思维方式和表达方式，思维方式就是作者如何选材、如何布局，表达方式就是作者如何用恰当的方式表达自己的想法。这些都是学生通过阅读可以揣摩并领会的。

阅读有益于写作，但是，阅读不是为了写作，写作的任务也不能通过阅读来完成。阅读与写作相互作用，作用的主体是作者，作者能够从阅读中学习什么，能够从写作中表达什么，需要不断通过阅读和写作的练习而进步。连接阅读和写作的是人，而不是材料、方法和技能。

三、叶圣陶写作教学思想实践

叶老的写作教学思想既涉及思想、情感层面，更有技术操作层面的实际应用，能够给教师和学生提供很多参考。

（一）作文题目

1. 出学生容易写作的题目

“最近有一个学校拿来两篇作文让我看看，是初中三年级学生写的，题目是《伟大鲁迅的革命精神》。两篇里病句很多，问我该怎样教学生避免这些病句。我看，病句这么多，毛病主要出在题目上。初中学生读了鲁迅几篇文章，就要他们写鲁迅的革命精神。他们写不出什么却要勉强写，病句就不一而足了。”在叶老看来，文章题目离学生太远，不能唤起学生的情感体验，学生就不容易写作。

叶老不提倡命题作文，他觉得这违反了文章产生的自然程序。在学校里的写作，和一个普通作者的写作是不一样的，在学校里是练习写作，是一种学习写作的过程。所以，语文教师也有出题的必要，而且要出学生容易写作的题目。

出学生容易写作的题目，要有这样几个标准：一是贴近学生的生活经历；二是贴近学生的思维方式；三是贴近学生的表达方式。叶老列举了容易写作的题目范围，他说可以从上课、课间、读书、科学实验、运动会、校外活动等方面来出题目。学生看到这样的题目，能够唤起情感体验，回忆起曾经的故事，借这些题目来记录自己的故事，梳理自己的思想，抒发自己的情感。

2. 出学生真实受用的题目

“训练者忽视了学生一辈子的受用，而着眼于考试时交得出卷子；考试者不想着学生胸中真实有些什么，而随便出题目，致影响到平时的写作训练：这又是道地的八股精神。”叶老的这番话讲得很透彻，“训练者”和“考试者”都是出题目的人，这些人心中想的都是如何让学生写出“高分”文章来，而忽视了学生的发展。这是应试教育中非常害人的部分，也是应试教育被诟病的原因所在。为了应付考试，学生要揣摩出题者的意图，所以从小学生作文到高考作文，就出现了无数“文艺腔”的文章。好好的写作实践，变成了以应付考试为唯一目的，学生一辈子都不能写出“诚实的、自己的话”。因为中考语文试卷中有让学生写参观博物馆的感受的作文题目，于是很多中学生纷纷到博物馆去找答案，找到答案后就匆匆离开了博物馆。这又是中了应试的“毒”。“考试者”只是随便出了一个题目，而没有考虑学生应该怎样去游览博物馆，怎样欣赏博物馆，怎样在欣赏的过程中去体悟。

所以，出题者要出让学生真实受用的题目，要根据不同年段学生的特点，让学生把每种文章体裁，如记叙文、议论文、说明文等都弄清楚，都能写出一篇像样的文章。而这些需要扎扎实实地训练，需要学生应用所学的知识，而不是出大而无当的题目，确定不符合学生年段特点的标准。

（二）写作训练

写作是需要训练的。新课程改革以后，很多人害怕提“训练”一词。“什么叫训练呢？就是要使学生学的东西变成他们自己的东西。”这句话简明扼要，一下子把标准说清楚了，训练的标准就是让学生把学的东西变成自己的东西，随时可用，随时能用。但是，训练不是机械重复地练习。“所谓训练，当然不只是教学生拿起书来读，提起笔来写，就算了事。第一，必须讲求方法。怎样阅读才可以明白通晓，摄其精英，怎样写作才可以清楚畅达，表其情意，都得让学生们心知其故。第二，必须使种种方法成为学生终身以之的习惯。因为阅读与写作都是习惯方面的事情，仅仅心知其故，而习惯没有养成，还是不济事的。”叶老在《国文教学的两个基本观念》一文中这样说道。

叶老认为写作训练应集中在思想、语言、情感三个方面，又应以习惯作为其外在的表现。

1. 训练思想

谈到训练思想，叶老引用了杜威实用主义的观点，认为“思想起于应用，终于应用；思想是运用从前的经验来帮助现在的生活，更预备将来的生活”。这句话主要是说思想的价值和意义。

具体到训练思想，叶老聚焦在“经验”一词，他说：“所谓经验，不只是零零碎碎地承受种种见闻接触的外物，而是认清楚它们，看出它们之间的关系，使成为我们所有的东西。”这句话的意思是说，一个人要想获得自己的思想，就一定要多思考。思考什么呢？思考事物之间的联系，以整合性的眼光看待所能观察到的一切，把这一切现象综合起来考虑，然后找出规律，为自己所用。比如，学习同一种体裁的几篇文章，这几篇文章也许看似无关，但是因为是同一种体裁，所以作者在写的时候就遵循了一定的规律，这个规律是什么，需要读者自己通过对比分析，不断提炼，进而总结出。那么，这个规律就是能够为自己所有的成果，而发现规律的过程就是训练思想的过程。

2. 训练语言

首先是文体训练。

叶老比较详细地阐述了“叙述”“议论”“抒情”“描写”四种文体的训练。“叙述”的前提是“观察”，叙述的主要方式是分类，叙述的观察点只需一个，复杂的叙述需要转换观察的角度，也就是叙述的角度。叙述的顺序，按照观察的顺序即可。“议论”是表达作者的见解，“依据”“推论”“判断”是议论的灵魂。“抒情”是抒发作者的情感，把境界、事物、思想、推断等融合，依情感波澜的起伏，组成一件新的东西。可见这是一种创造。“描写”分为描写环境和人物，“把握住印象是描写的根本要义”。

其次是语言训练。

叶老对文章的标准有“通”与“不通”、“好”与“不好”的提法，但是并未给出明确的标准，什么是“好”，什么是“不好”，没有具体表述，只谈到“不走样，不违背语言的规律”。

“语言习惯好，写的文章就通顺了。其次要辨明白文章和语言两样的地方，辨得明白，能知能行，写的文章就不但通顺，而且是完整而无可指摘了。”叶老对语言标准有着比较明确的表述：一是语言通顺；二是完整；三是无可指摘。

对于如何写得通顺，叶老也给出了技术的支持：“必须特地留意人家怎样用词，怎样表达意思，留意考察怎样把一篇长长的语言顺次地说下去。”归纳起来有三点：一是用词；二是表达；三是顺序。这也是叶老一直强调的，需要不断练习，变为自己的东西。具体而言，也是叶老所说的“一是语汇，一是语法”，这二者是语言训练的两个方面。

3. 培养情感

在情感方面，叶老用的是“培养”，而不是“训练”。所能查到的关于培养情感的文字并不多，叶老说情感是“黏力”“热力”，意在情感是启动经验的，是能够唤醒思想的。有了热切的情感，思绪就可以飞扬，文字就可以激扬。叶老提到，“在前面说思想情感是‘互相联涉，分割不开的’，原来是这么如环无端，迭为因果的呵”，因此，“就得从经验、思想上着手”去培养情感。

情感敏锐与否，是与学生平时的观察经验、体悟经验紧密相关的。从这个意义上来说，情感是可以培养的。比如，同理心，让学生充分体悟，时间久了，学生就能从他人的角度来思考问题。再如，观察力，让学生留心大自然中的四季变化，留心每一朵花、每一片叶，并且细致观察和记录，实践次数多了，学生就会热爱自然、热爱生命。

叶老所说的以上三种能力，都是以“养成习惯”为基础的，思想、语言、情感三个方面都有养成习惯的目标。有时，三者又是融为一体的。具体到习惯，有三种：一是“在实际生活里养成精密观察跟仔细认识的习惯”；二是“在实际生活里养成推理下判断都有条有理的习惯”；三是“养成正确的语言习惯”。

（三）文章修改

修改文章，表面看是疏通字句、修改语言，而在叶老看来，“其实就是修改思想”，因为“思想依傍语言”。这是很深刻的见解。一个人如果不能想清楚，就不可能写清楚。之所以文字上有欠缺，是因为思想上没有清楚明了。没有想通，就不会写通顺。

“文章不厌百回改”，说的就是修改文章要不断思考，不断推敲。“两句三年得，一吟双泪流”，作者一定是在不断地思考，思考如何用恰当的语言准确表达自己的思想和情感。

具体怎么修改，一个原则就是“于批改则但为词句之修正，不为情意之增损”。叶老特别反对教师大篇幅地修改词句，把文章改得面目全非，这样做是学生不喜欢的，也是无意义的。教师对文章的修改，不如说是讲评，应指出学生文章的可取之处，进行点评。学生通过积累经验，知道怎样写才是好的，慢慢地，积累的经验越来越多，就会写出好文章。因为语言表达的前提是“思想”和“情感”。学生如果能够在情感上喜爱写作，在思想上重视写作，不断地思考如何写好，自然会不断提高写作水平。

四、叶圣陶写作教学思想评价

（一）有生命的写作教学思想

叶老的写作教学思想，来自他个人的写作实践和教学实践，是有生命力的“写作学”。他所阐述的写作原理，是经过自己体验后提炼出来的，如“假若规定以某事物的全部为范围加以叙述，则可用系统的分类方法。把主从轻重先弄明白；再将主要的部分逐一分门立类，使统率其余的材料”。

叶老的写作教学思想和中国古代的写作思想是一脉相承的，重视写作的思想、情感和语言。叶老发现了写作思想传承过程中“代圣人立言”的危害性，提出了“要写出诚实的、自己的话”，把写作从社会的角度拉回到现实的人生角度，使写作更贴近学生的生活。写作是学生思维发展、情感培养、语言提升的重要途径，是学生成长的必经之路。

叶老的写作教学思想是他的育人思想的折射，他认为一切教育都是为了人的发展。写作可以让人的思想更丰厚、情感更充实、语言更顺畅。有了这些，一个人也就基本拥有了幸福的人生。

所以，叶老的写作教学思想是“目中有人”的实践思想，是有生命力的，是能够促进人生命成长的。

（二）成体系的写作教学思想

叶老的写作教学思想体系比他的阅读教学思想体系更为严整，具体表现在与夏丏尊先生合著的《国文百八课》中。“从来教学国文，往往只把选文讲读，不问每小时、每周的教学目标何在。本书每课为一单元，有一定的目标，内含文话、文选、文法或修辞、习问四项，各项打成一片。”《国文百八课》是阅读与写作结合得比较好的教材，已经完成的四册七十二课，分别从文章、文体和文法三个大的方面进行设计。

整体讲文章的有八篇：第一册的第一课“文章面面观”、第二课“文言体和语体（一）”、第三课“文言体和语体（二）”、第五课“文章的分类”，第三册的第三课“韵文和散文”，第四册的第一课“知的文和情的文”、第二课“学术文”、第十二课“意的文”。

讲文体的分为记叙文、说明文、议论文、其他文类，共计四十四篇。讲记叙文的有十五篇，分别是第一册的第十课“记述和叙述”、第十一课“记述的顺序”、第十二课“叙述的顺序”、第十三课“记叙的题材”、第十四课“材料的判别和取舍”、第十五课“叙述的快慢”、第十六课“叙述的倒错”、第十七课“过去的现在化”、第十八课“观点的一致与移动”，第二册的第一课“日记”、第二课“游记”、第三课“随笔”、第十四课“记叙与描写”，第三册的第一课“记叙文与小说”、第二课“小说的真实性”。讲说明文的共有五篇，分别是第三册的第七课“说明书”、第八课“说明和记述”、第九课“说明和叙述”、第十课“说明和议论”、第十一课“说明的方法”。讲议论文的共有十一篇，分别是第三册的第十二课“类型的事物”、第十三课“抽象的事理”、第十四课“事物的异同”、第十五课“事物间的关系”、第十六课“事物的处理法”，第四册的第十三课“议论文的主旨”、第十四课“立论和驳论”、第十五课“议论文的变装”、第十六课“推理方式一——演绎”、第十七课“推理方式二——归纳”、第十八课“推理方式三——辩证”。讲其他文类的共有十三篇，分别是第一册的第六课“应用文”、第七课“书信的体式”、第八课“书信和礼仪”、第九课“书信和诸文体”，第三册的第四课“诗的本质”、第六课“报告书”，第四册的第四课“戏剧”、第六课“抒情诗”、第七课“叙事诗”、第八课“律诗”、第九课“仪式文（一）”、第十课“仪式文（二）”、第十一课“宣言”。

讲文法的共有二十篇，分别是第一册的第四课“作者意见的有无”，第二册的第四课“直接经验和间接经验”、第五课“间接经验的证明”、第六课“第一人称的立脚点”、第七课“第二人称的立脚点”、第八课“第三人称的立脚点”、第九课“叙述的场面”、第十课“事物与心情”、第十一课“情感的流露”、第十二课“抒情的方式”、第十三课“情绪与情操”、第十五课“印象”、第十六课“景物描写”、第十七课“人物描写”、第十八课“背景”，第三册的第五课“暗示”、第十七课“语义的诠释”、第十八课“独语式和问答式”，第四册的第三课“对话”、第五课“文章中的会话”。

这个体系是写给中学生的，“有一定的目标”，对中学生学习写作有很大的帮助，因为每课都集中突破一个目标，“唯运用上注重于形式，对于文章体制、文句格式、写作技术、鉴赏方法等，讨究不厌详细”。从读到写，学生可以有一条路径来走。但是这个体系给出的是初中的阶段性目标，不是关于写作的整体性目标。如同是写记叙文，小学和中学的标准有什么不同，在该体系中并未提及。

（三）可发展的写作教学思想

叶老的写作教学思想已经形成了一个基本框架体系。他对写作原理、写作内容、写作教学、写作方法都有研究。他认为写作原理是发表个人的思想和见解，要“写出诚实的、自己的话”，以便与他人交流。他认为写作内容是表现作者对这个世界的认识，表现这种认识的方式主要有三种：叙述、说明、议论。他认为写作教学是激发学生思维的过程，要让学生的思维活跃起来，通过不断的观察、体验获得写作内容，然后通过语言进行表达。叶老对写作方法的指导更是不厌其烦，从题目到写作过程再到修改，都以实例的方式，提示了很多方法。

叶老立足于自身的写作实践，立足于他对汉语写作教学的理解，阐述了写作原理，对人的表达的基本心理机制进行了经验层面的分析，但未能以汉语写作为研究对象做系统的阐释。因为当时的条件限制，他只引用了杜威实用主义的某个观点。现在的教学条件下，对脑科学的研究、对学习心理的研究已经处于较高的层次，如果叶老健在，肯定也会学习这些理论，并且应用这些理论。

叶老的写作教学非常强调实际有用的部分，让教师和学生可以照此执行，是非常实用的教学思想。叶老讲实用，还在于他着力于应用文写作的部分，而对学生文学写作的部分较少关注。文学写作是发挥学生想象力和创造力的媒介，也是学生思维发展的平台，在小学到高中的序列里面，应该有文学写作的一席之地。叶老的写作教学体系已经初见雏形。说是雏形，有两个原因：一是这个序列还没有完成，《国文百八课》只完成了七十二课，其他部分具体怎样架构，叶老并未说明；二是只有初中序列显然是不够的，还需要把小学和高中放进去，形成一个完整的写作体系，这个体系应该包含写作目标、写作题材、写作体裁、写作评价。

叶老的写作教学思想是可以发展的，这就需要我们这些后来人发展叶老的写作教学思想，逐步构建起适合中国学生的写作体系，明确制订各个阶段学生写作的标准。有了这样的体系和标准，学生学习写作就不会是一件难事，也不会为了应试去写一些对个人发展意义不大的文章。

参考文献

[1] 叶圣陶．叶圣陶集（第 15 卷）[M]．南京：江苏教育出版社，2004. 11

[2] 叶圣陶．叶圣陶集（第 16 卷）[M]．南京：江苏教育出版社，2004. 11

[3] 王凯符．中国古代写作理论的特点及其发展源流 [J]．北京师范学院学报（社会科学版），1992.（1）

第一章

叶圣陶论写作原理

导读

本章选取了《作文论》《作自己要作的题目》《“通”与“不通”》《“好”与“不好”》四篇文章。《作文论》是一篇系统地论述写作原理的文章。《作自己要作的题目》是从作者的角度来论述文章的写作的。《“通”与“不通”》《“好”与“不好”》是从文章质量标准的角度来论述的。

希望读者能够从“原理”的视角来阅读本章内容。所谓“原理”，在《现代汉语词典（第7版）》中有两个意义：带有普遍性的、最基本的、可以作为其他规律的基础的规律；具有普遍意义的道理。这些文章是叶老在大量观察、实践的基础上，经过归纳、概括而写成的。从“原理”的视角进行阅读，就需要跳出具体的写作标准、写作过程等，运用整合思维，思考叶老笔下的写作规律。因为叶老的这些文章是在不同时期、不同情况下完成的，既有前后统一的部分，又有有所区别的部分，所以需要读者整合阅读，在理解文章表达的基础上，自己再进行抽象概括，边阅读边思考，总结属于自己的写作规律。

作文论

背景提示

《作文论》是1924年2月由商务印书馆出版的一个单行本，被列为《百科小丛书》第48种，后被收入1929年10月出版的《万有文库》第一集。

“人类是社会的动物，从天性上，从生活的实际上，有必要把自己的观察、经验、理想、情绪等等宣示给人们知道，而且希望愈广遍愈好。”这从根本上说明了写作的心理学原理。在这篇文章里，叶老想兼论“怎样获得完美的原料”与“怎样把原料写作成文字”这两个步骤。关于写作的样式，叶老提出了“普通文”“文学”在本质上是一致的，原料都是有思想、情感，技术上都是把原料表达出来，作文“要写出诚实的、自己的话”的观点。

【原文】

一、引　言

人类是社会的动物，从天性上，从生活的实际上，有必要把自己的观察、经验、理想、情绪等等宣示给人们知道，而且希望愈广遍愈好。有的并不是为着实际的需要，而是对于人间的生活、关系、情感，或者一己的遭历、情思、想象等等，发生一种兴趣，同时仿佛感受一种压迫，非把这些表现成为一个完好的定形不可。根据这两个心理，我们就要说话、歌唱，做出种种动作，创造种种艺术；

而效果最普遍、使用最利便的，要推写作。不论是愚者或文学家，不论是什么原料什么形式的文字，总之，都是由这两个心理才动手写作，才写作成篇的。当写作的时候，自然起一种希望，就是所写的恰正宣示了所要宣示的，或者所写的确然形成了一个完好的定形。谁能够叫我们实现这种希望？只有我们自己，我们自己去思索关于作文的法度、技术等等问题，有所解悟，自然每逢写作，无不如愿了。

但是，我们不能只思索作文的法度、技术等等问题，而不去管文字的原料——思想、情感等等问题，因为我们作文，无非想着这原料是合理的，是完好的，才动手去作。而这原料是否合理与完好，倘若不经考定，或竟是属于负面的也未可知，那就尽管在法度、技术上用工夫，也不过虚耗心力，并不能满足写作的初愿。因此，我们论到作文，就必须联带地论到原料的问题。思想构成的径路，情感凝集的训练，都是要讨究的。讨究了这些，才能够得到确是属于正面的原料，不致枉费写作的劳力。

或许有人说："这样讲，把事情讲颠倒了。宣示思想情感本来是目的，而作文是手段，现在因作文而去讨究思想、情感，岂不是把它们看做作文的手段了么?"固然，宣示思想、情感是目的，是全生活里的事情，但是，要有充实的生活，就要有合理与完好的思想、情感；而作文，就拿这些合理与完好的思想、情感来做原料。思想、情感的具体化完成了的时候，一篇文字实在也就已经完成了，余下的只是写下来与写得适当不适当的问题而已。我们知道有了优美的原料可以制成美好的器物，不曾见空恃技巧却造出好的器物来。所以必须探到根本，讨究思想、情感的事，我们这工作才得圆满。顺着自然的法则，应当是这么讨究的，不能说这是目的与手段互相颠倒。

所以在这本小书里，想兼论"怎样获得完美的原料"与"怎样把原料写作成文字”这两个步骤。

这个工作不过是一种讨究而已，并不能揭示一种唯一的固定的范式，好像算学的公式那样。它只是探察怎样的道路是应当遵循的，怎样的道路是能够实现我们的希望的；道路也许有几多条，只要可以达到我们的目的地，我们一例认为有遵循的价值。

至于讨究的方法。不外本之于我们平时的经验。自己的，他人的，一样可以用来作根据。自己或他人曾经这样地作文而得到很好的成绩，又曾经那样地作文而失败了，这里边一定有种种的所以然。如能寻出一个所以然，我们就探见一条道路了。所以我们应当寻得些根据（生活里的情况与名作家的篇章一样地需要），作我们讨究的材料。还应当排除一切固执的成见与因袭的教训，运用我们的智慧，很公平地从这些材料里做讨究的工夫，以探见我们的道路。这样，纵使所得微少，不过一点一滴，而因为得诸自己，将永远是我们的财宝，终身用之而不竭；何况我们果能努力，所得未必仅止一点一滴呢？

凡事遇到需求，然后想法去应付，这是通常的自然的法则。准此，关于作文的讨究似应在有了写作需要之后，没有写作需要的人便不用讨究。但是我们决不肯这样迟钝，我们能够机警地应付。凡是生活里重要的事情，我们总喜欢一壁学习一壁应用，非特不嫌多事，而且务求精详。随时是学，也随时是用。各学科的成立以此；作文的所以成为一个题目，引起我们讨究的兴趣，并且鼓动我们练习的努力，也以此。何况“想要写作”真是个最易萌生的欲望，差不多同想吃想喝的欲望一样。今天尚未萌生的，说不定明天就会萌生；有些人早已萌生，蓬蓬勃勃地几乎不可遏止了；又有些人因为不可遏止，已经做了许多回写作这件事了。不论是事先的准备，或是当机的应付，或是过后的衡量，只要是希望满足写作的愿望的，都得去做一番作文的讨究的工夫。可以说这也是生活的一个基本条件。

再有一个应当预先解答的问题，就是“这里所讨究的到底指普通文而言还是指文学而言？”这是一个很容易发生的疑问，又是一个不用提出的疑问。普通文与文学，骤然看来似乎是两件东西；而究实细按，则觉它们的界限很不清楚，不易判然划分。若论它们的原料，都是思想、情感。若论技术，普通文要把原料表达出来，而文学也要把原料表达出来。曾经有许多人给文学下过很细密很周详的界说，但是这些条件未尝不是普通文所期望的。若就成功的程度来分说，“达意达得好，表情表得妙，便是文学。”则是批评者的眼光中才有这程度相差的两类东西。在作者固没有不想竭其所能，写作最满意的文字的；而成功的程度究竟怎样，则须待完篇以后的评衡，又从哪里去定出所作的是什么文而后讨究其作法？况且所谓好与妙又是很含糊的，到什么程度才算得好与妙呢？所以说普通文与文学的界限是很不清楚的。

又有一派的意见，以为普通文指实用的而言。这样说来，从反面着想，文学是非实用的了。可是实用这个词能不能做划分的标准呢？在一般的见解，写作一篇文字，发抒一种情绪，描绘一种景物，往往称之为文学。然而这类文字，在作者可以留迹象，取快慰，在读者可以兴观感，供参考，何尝不是实用？至于议论事情、发表意见的文字，往往被认为应付实际的需用的。然而自古迄今，已有不少这类的文字被认为文学了。实用这个词又怎能做划分的标准呢？

既然普通文与文学的界限不易划分，从作者方面想，更没有划分的必要。所以这本小书，不复在标题上加什么限制，以示讨究的是凡关于作文的事情。不论想讨究普通文或文学的写作，都可以从这里得到一点益处，因为我们始终承认它们的划分是模糊的，泉源只是一个。

二、诚实的自己的话

我们试问自己，最爱说的是哪一类的话？这可以立刻回答，我们爱说必要说的与欢喜说的话。语言的发生本是为着要在人群中表白自我，或者要鸣出内心的感兴。顺着这两个倾向的，自然会不容自遏地高兴地说。如果既不是表白，又无关感兴，那就不必鼓动唇舌了。

作文与说话本是同一目的，只是所用的工具不同而已。所以在说话的经验里可以得到作文的启示。倘若没有什么想要表白，没有什么发生感兴，就不感到必要与欢喜，就不用写什么文字。一定要有所写才写。若不是为着必要与欢喜，而勉强去写，这就是一种无聊又无益的事。

勉强写作的事确然是有的，这或者由于作者的不自觉，或者由于别有利用的心思，并不根据所以要写作的心理的要求。有的人多读了几篇别人的文字，受别人的影响，似乎觉得颇欲有所写了；但是写下来的与别人的文字没有两样。有的人存着利用的心思，一定要写作一些文字，才得达某种目的；可是自己没有什么可写，不得不去采取人家的资料。像这样无意的与有意的强勉写作，犯了一个相同的弊病，就是模仿。这样说，无意而模仿的人固然要出来申辩，说他所写的确然出于必要与欢喜；而有意模仿的人或许也要不承认自己的模仿。但是，有一个尺度在这里，用它一衡量，模仿与否将不辩而自明，这个尺度就是“这文字里的表白与感兴是否确实是作者自己的?”拿这个尺度衡量，就可见前者与后者都只是复制了人家现成的东西，作者自己并不曾拿出什么来。不曾拿出什么来，模仿的讥评当然不能免了。至此，无意而模仿的人就会爽然自失，感到这必要并非真的必要，欢喜其实无可欢喜，又何必定要写作呢？而有意模仿的人想到写作的本意，为葆爱这种工具起见，也将遏抑利用的心思，直到确实有了自己的表白与感兴才动手去写。

像那些著述的文字，是作者潜心研修，竭尽毕生精力，获得了一种见解，创成了一种艺术，然后写下来的，写的自然是自己的东西。但是人间的思想、情感往往不甚相悬；现在定要写出自己的东西，似乎他人既已说过的，就得避去不说，而要去找人家没有说过的来说。这样，在一般人岂不是可说的话很少了么？其实写出自己的东西并不是这个意思；按诸实际，也决不能像这个样子。我们说话、作文，无非使用那些通用的言词；至于原料，也免不了古人与今人曾经这样那样运用过了的，虽然不能说决没有创新，而也不会全部是创新。但是，我们要说这席话，写这篇文，自有我们的内面的根源，并不是完全被动地受了别人的影响，也不是想利用来达到某种不好的目的。这内面的根源，就与著述家所获得的见解、所创成的艺术有同等的价值。它是独立的；即使表达出来恰巧与别人的雷同，或且有意地采用了别人的东西，都不应受到模仿的讥评；因为它自有独立性，正如两人面貌相似、性情相似，无碍彼此的独立，或如生物吸收了种种东西营养自己，却无碍自己的独立。所以我们只须自问有没有话要说，不用问这话是不是人家说过的。果真确有要说的话，用以作文，就是写出自己的东西了。

更进一步说，人间的思想、情感诚然不甚相悬，但也决不会全然一致。先天的遗传，后天的教育，师友的熏染，时代的影响，都是酿成大同中的小异的原因。原因这么繁复，又是参伍错综地来的，这就形成了各人小异的思想、情感。那么，所写的东西只要是自己的，实在很难得遇到与人家雷同的情形。试看许多文家一样地吟咏风月，描绘山水，会有不相雷同而各极其妙的文字，就是很显明的例了。原来他们不去依傍别的，只把自己的心去对着风月山水；他们又绝对不肯勉强，必须有所写才写；主观的情思与客观的景物揉和，组织的方式千变万殊，自然每有所作都成独创了。虽然他们所用的大部分也只是通用的言词，也只是古今人这样那样运用过了的，而这些文字的生命是由作者给与的，终竟是唯一的独创的东西。

讨究到这里，可以知道写出自己的东西是什么意义了。

既然要写出自己的东西，就会连带地要求所写的必须是美好的：假若有所表白，这当是有关于人间事情的，则必须合于事理的真际，切乎生活的实况；假若有所感兴，这当是不倾吐不舒快的，则必须本于内心的郁积，发乎情性的自然。这种要求可以称为“求诚”。试想假如只知写出自己的东西而不知求诚，将会有什么事情发生？那时候，臆断的表白与浮浅的感兴，因为无由检验，也将杂出于笔下而不自觉知。如其终于不觉知，徒然多了这番写作，得不到一点效果，已是很可怜悯的。如其随后觉知了，更将引起深深的悔恨，以为背于事理的见解怎能够表白于人间，贻人以谬误，浮荡无着的偶感怎值得表现为定形，耗己之劳思呢？人不愿陷于可怜的境地，也不愿事后有什么悔恨，所以对于自己所写的文字，总希望确是美好的。

虚伪、浮夸、玩戏，都是与诚字正相反对的。在有些人的文字里，却犯着虚伪、浮夸、玩戏的弊病。这个原因同前面所说的一样，有无意的，也有有意的。譬如论事，为才力所限，自以为竭尽智能，还是得不到真际。就此写下来，便成为虚伪或浮夸了。又譬如抒情，为素养所拘，自以为很有价值，但其实近于恶趣。就此写下来，便成为玩戏了。这所谓无意的，都因有所蒙蔽，遂犯了这些弊病。至于所谓有意的，当然也如上文所说的那样怀着利用的心思，借以达某种的目的。或者故意颠倒是非，希望淆惑人家的听闻，便趋于虚伪；或者谀墓、献寿，必须彰善颂美，便涉于浮夸；或者作书牟利，迎合人们的弱点，便流于玩戏。无论无意或有意犯着这些弊病，都是学行上的缺失，生活上的污点。假如他们能想一想是谁作文，作文应当是怎样的，便将汗流被面，无地自容，不愿再担负这种缺失与污点了。

我们从正面与反面看，便可知作文上的求诚实含着以下的意思：从原料讲，要是真实的、深厚的，不说那些不可征验、浮游无着的话；从写作讲，要是诚恳的、严肃的，不取那些油滑、轻薄、卑鄙的态度。

我们作文，要写出诚实的、自己的话。

三、源　头

“要写出诚实的、自己的话”，空口念着是没用的，应该去寻到它的源头，有了源头才会不息地倾注出真实的水来。从上两章里，我们已经得到暗示，知道这源头很密迩，很广大，不用外求，操持由己，就是我们的充实的生活。生活充实，才会表白出、发抒出真实的深厚的情思来。生活充实的涵义，应是阅历得广，明白得多，有发现的能力，有推断的方法，情性丰厚，兴趣饶富，内外合一，即知即行，等等。到这地步，会再说虚妄不诚的话么？我们欢喜读司马迁的文，认他是大文家，而他所以致此，全由于修业、游历以及伟大的志操。我们欢喜咏杜甫的诗，称他是大诗家，而他所以致此，全由于热烈的同情与高尚的人格。假若要找反面的例，要找一个生活空虚的真的文家，我们只好说无能了。

生活的充实是没有止境的，因为这并非如一个瓶罐，有一定的容量，而是可以无限地扩大，从不嫌其过大过充实的。若说要待充实到极度之后才得作文，则这个时期将永远不会来到。而写作的欲望却是时时会萌生的，难道悉数遏抑下去么？其实不然。我们既然有了这生活，就当求它充实（这是论理上的话，这里单举断案，不复论证）。在求充实的时候，也正就是生活着的时候，并不分一个先，一个后，一个是预备，一个是实施。从这一点可以推知只要是向着求实的路的，同时也就不妨作文。作文原是生活的一部分呵。

我们的生活充实到某程度，自然要说某种的话，也自然能说某种的话。譬如孩子，他熟识了人的眨眼，这回又看见星的妙美的闪耀，便高兴地喊道，“星在向我眨眼了。”他运用他的观察力、想象力，使生活向着充实的路，这时候自然要倾吐这么一句话，而倾吐出来的又恰好表达了他的想象与欢喜。大文家写出他每一篇名作，也无非是这样的情形。

所以我们只须自问，我们的生活是不是在向着求充实的路上？如其是的，那就可以绝无顾虑，待写作的欲望兴起时，便大胆地、自信地写作。因为欲望的兴起这么自然，原料的来源这么真切，更不用有什么顾虑了。我们最当自戒的就是生活沦没在虚空之中，内心与外界很少发生关系，或者染着不正当的习惯，却要强不知以为知，不能说、不该说而偏要说。这譬如一个干涸的源头，哪里会倾注出真实的水来？假若不知避开，唯有陷入模仿、虚伪、浮夸、玩戏的弊病里罢了。

要使生活向着求充实的路，有两个致力的目标，就是训练思想与培养情感。从实际讲，这二者也是互相联涉，分割不开的。现在为论列的便利，姑且分开来。看它们的性质，本应是一本叫作《做人论》里的章节。但是，因为作文是生活的一部分，所以它们也正是作文的源头，不妨在这里简略地讨究一下。

请先论训练思想。杜威一派的见解以为“思想的起点是实际上的困难，因为要解决这种困难，所以要思想；思想的结果，疑难解决了，实际上的活动照常进行；有了这一番思想作用，经验更丰富一些，以后应付疑难境地的本领就更增长一些。思想起于应用，终于运用；思想是运用从前的经验来帮助现在的生活，更预备将来的生活。”这样的思想当然会使生活的充实性无限地扩大开来。它的进行顺序是这样：“（一）疑难的境地；（二）指定疑难之点究竟在什么地方；（三）假定种种解决疑难的方法；（四）把每种假定所涵的结果一一想出来，看哪一个假定能够解决这个困难；（五）证实这种解决使人信用，或证明这种解决的谬误。使人不信用。”在这个顺序里，这第三步的“假设”是最重要的，没有它就得不到什么新东西。而第四、第五步则是给它加上评判和证验，使它真能成为生活里的新东西。所以训练思想的涵义，“是要使人有真切的经验来作假设的来源；使人有批评、判断种种假设的能力；使人能造出方法来证明假设的是非真假。”

至此，就得归根到“多所经验”上边去。所谓经验，不只是零零碎碎地承受种种见闻接触的外物，而是认清楚它们，看出它们之间的关系，使成为我们所有的东西。不论愚者和智者，一样在生活着，所以各有各的自得的经验。各人的经验有深浅广狭的不同。所谓愚者，只有很浅很狭的一部分，仅足维持他们的勉强的生活；除此以外就没有什么了。这个原因当然在少所接触；而接触的多少不在乎外物的来不来，乃在乎主观的有意与无意；无意应接外物，接触也就少了。所以我们要经验丰富，应该有意地应接外物，常常持一种观察的态度。这样，将见环绕于四周的外物非常多，都足以供我们认识、思索，增加我们的财富。我们运用着观察力，明白它们外面的状况以及内面的情形，我们的经验就无限地扩大开来。譬如对于一个人，如其不加观察，摩肩相值，瞬即东西，彼此就不相关涉了。如其一加观察，至少这个人的面貌、姿态在意念中留下一个印象。若进一步与他结识，更可以认识他的性情，品格。这些决不是无益的事，而适足以使我们获得关于人的种种经验，于我们持躬论人都有用处。所以随时随地留意观察，是扩充经验的不二法门。由多所观察，方能达到多所经验。经验愈丰富，则思想进行时假设的来源愈广，批评、判断种种假设的能力愈强，造出方法以证明假设的是非真假也愈有把握。

假如我们作文是从这样的源头而来的，便能表达事物的真际，宣示切实的意思，而且所表达、所宣示的也就是所信从、所实行的，所以内外同致，知行合一。写出诚实的话不是做到了么？

其次，论培养情感。遇悲喜而生情，触佳景而兴感，本来是人人所同的。这差不多是莫能自解的，当情感兴起的时候，浑然地只有这个情这个感，没有工夫再去剖析或说明。待这时候已过，才能回转去想。于是觉得先前的时候悲哀极了或者喜悦极了，或者欣赏了美的东西了。情感与经验有密切的关系。它能引起种种机会，使我们留意观察，设法试证，以获得经验；它又在前面诱导着，使我们勇往直进，全心倾注，去享用经验。它给我们极大的恩惠，使我们这世界各部互相关联而且固结不解地组织起来；使我们深入生活的核心，不再去计较那些为什么而生活的问题。它是黏力，也是热力。我们所以要希求充实的生活，而充实的生活的所以可贵，浅明地说，也就只为我们有情感。

情感的强弱周偏各人不同。有些人对于某一小部分的事物则倾致他们的情感，对其它事物则不然。更有些人对于什么都淡漠，不从这方面倾致，也不从那方面倾致，只是消极地对待，觉得什么东西总辨不出滋味，一切都是无边的空虚，世界是各不相关联的一堆死物，生活是无可奈何的消遣。所以致此的原因，在于与生活的核心向来不曾接近过，永久是离开得远远；而所以离开，又在于不多观察，少具经验，缺乏切实的思想能力。（因此，在前面说思想情感是“互相联涉，分割不开的”，原来是这么如环无端，迭为因果的呵。）于此可见我们如不要陷入这一路，就得从经验、思想上着手。有了真切的经验、思想，必将引起真切的情感；成功则喜悦，失败则痛惜，不特限于一已，对于他人也会兴起深厚的同情。而这喜悦之情的享受与痛惜之后的奋发，都足以使生活愈益充实。人是生来就怀着情感的核的，果能好好培养，自会抽芽舒叶，开出茂美的花，结得丰实的果。生活永远涵濡于情感之中，就觉这生活永远是充实的。

现在回转去论到作文。假如我们的情感是在那里培养着的，则凡有所写，都属真情实感；不是要表现于人前，便是吐其所不得不吐。写出诚实的话不是做到了么？

我们要记着，作文这件事离不开生活，生活充实到什么程度，才会做成什么文字。所以论到根本，除了不间断地向着求充实的路走去，更没有可靠的预备方法。走在这条路上，再加写作的法度、技术等等，就能完成作文这件事了。

必须寻到源头，方有清甘的水喝。

四、组　织

我们平时有这么一种经验：有时觉得神思忽来，情意满腔，自以为这是值得写而且欢喜写的材料了。于是匆匆落笔，希望享受成功的喜悦。孰知成篇以后，却觉这篇文字并不就是我所要写的材料，先前的材料要胜过这成篇的文字百倍呢。因此爽然自失，感到失败的苦闷。刘勰说："方其搦翰，气倍辞前；暨乎篇成，半折心始。何则？意翻空而易奇，言征实而难巧也。"他真能说出这种经验以及它的来由。从他的话来看，可知所以致此，一在材料不尽结实，一在表达未得其道。而前者更重于后者。表达不得当，还可以重行修改；材料空浮，那就根本上不成立了。所以虽然说，如其生活在向着求充实的路上，就可以绝无顾虑，待写作的欲望兴起时，便大胆地、自信地写作，但不得不细心地、周妥地下一番组织的工夫。既经组织，假如这材料确是空浮的，便立刻会觉察出来，因而自愿把写作的欲望打消了。假如并非空浮，只是不很结实，那就可以靠着组织的功能，补充它的缺陷。拿什么来补充呢？这唯有回到源头去，仍旧从生活里寻找，仍旧从思想、情感上着手。

有人说，文字既然源于生活，则写出的时候只须顺着思想、情感之自然就是了。又说组织，岂非多事？这已在前面解答了，材料空浮与否，结实与否，不经组织，将无从知晓，这是一层。更有一层，就是思想、情感之自然未必即与文字的组织相同。我们内蓄情思，往往于一刹那间感其全体；而文字必须一字一句连续而下，仿佛一条线索，直到终篇，才会显示出全体。又，蓄于中的情思往往有累赘、凌乱等等情形；而形诸文字，必须不多不少、有条有理才行。因此，当写作之初，不得不把材料具体化，使成为可以独立而且可以照样拿出来的一件完美的东西。而组织的工夫就是要达到这种企图。这样才能使写出来的正就是所要写的；不致被“翻空”的意思所引诱，徒然因“半折心始”而兴叹。

所以组织是写作的第一步工夫。经了这一步，材料方是实在的，可以写下来，不仅是笼统地觉得可以写下来。经过组织的材料就譬如建筑的图样，依着兴筑，没有不成恰如图样所示的屋宇的。

组织到怎样才算完成呢？我们可以设一个譬喻，要把材料组成一个圆球，才算到了完成的地步。圆球这东西最是美满，浑凝调合，周遍一致，恰是一篇独立的、有生命的文字的象征。圆球有一个中心，各部分都向中心环拱着。而各部分又必密合无间，不容更动，方得成为圆球。一篇文字的各部分也应环拱于中心（这是指所要写出的总旨，如对于一件事情的论断，蕴蓄于中而非吐不可的情感之类），为着中心而存在。而且各部分应有最适当的定位列次，以期成为一篇圆满的文字。

至此，我们可以知道组织的着手方法了。为要使各部分环拱于中心，就得致力于剪裁。为要使各部分密合妥适，就得致力于排次。把所有的材料逐部审查，而以是否与总旨一致为标准，这时候自然知所去取，于是检定一致的、必要的，去掉不一致的、不切用的，或者还补充上遗漏的、不容少的，这就是剪裁的工夫。经过剪裁的材料，方是可以确信的需用的材料。然后把材料排次起来，而以是否合于论理上的顺序为尺度，这时候自然有所觉知。于是让某部居开端，某部居末梢，某部与某部衔接；而某部与某部之间如其有复叠或罅隙，也会发现出来，并且知道应当怎样去修补。到这地步，材料的具体化已经完成了；它不特是成熟于内面的，而且是可以照样宣示于外面的了。

一篇文字的所以独立，不得与别篇合并，也不得剖分为数篇，只因它有一个总旨，它是一件圆满的东西；据此以推，则篇中的每一段虽是全篇的一部分，也必定自有它的总旨与圆满的结构，所以不能合并，不能剖分，而为独立的一段。要希望一段果真达到这样子，当然也得下一番组织的工夫，就一段内加以剪裁与排次。逐段经过组织，逐段充分健全，于是有充分健全的整篇了。

若再缩小范围，每节的对于一段，每句的对于一节，也无非是这样情形。唯恐不能尽量表示所要写出的总旨，所以篇、段、节、句都逐一留意组织。到每句的组织就绪，作文的事情也就完毕了。因此可以说，由既具材料到写作成篇，只是一串组织的工夫。

要实行这种办法，最好先把材料的各部分列举出来，加以剪裁，更为之排次，制定一个全篇的纲要。然后依着写作，同时再注意于每节每句的组织。这样才是有计画有把握的作文；别的且不讲，至少可免“暨乎篇成，半折心始”的弊病。

或以为大作家写作，可无须组织，纯任机缘，便成妙文。其实不然。大作家技术纯熟，能在意念中组织，甚且能不自觉地组织，所谓“腹稿”，所谓“宿构”，便是；而决非不须组织。

作文的必须组织，正同作事的必须筹画一样。

五、文 体

写作文字，因所写的材料与要写作的标的不同，就有体制的问题。文字的体制，自来有许多分类的方法。现存的最古的总集要推萧统的《文选》，这部书的分类杂乱而琐碎，不足为据。近代完善的总集要数姚鼐的《古文辞类纂》，分文字为十三类。这十三类或以文字写列的地位来立类．或以作者与读者的关系来立类，或又以文字的特别形式来立类，标准纷杂，也不能使我们满意。

分类有三端必须注意的：一要包举，二要对等，三要正确。包举是要所分各类能够包含该事物的全部分，没有遗漏；对等是要所分各类的性质上彼此平等，决不能以此涵彼；正确是要所分各类有互排性，决不能彼此含混。其次须知道要把文字分类，当从作者方面着想，就是看作者所写的材料与要写作的标的是什么，讨究作文，尤其应当如此。我们知道论辩文是说出作者的见解，而序跋文也无非说出作者对于某书的见解，则二者不必判分了。又知道颂赞文是倾致作者的情感，而哀祭文也无非倾致作者对于死者的情感，则二者可以合并了。我们要找到几个本质上的因素，才可确切地定下文字的类别。

要实现上面这企图，可分文字为叙述、议论、抒情三类。这三类所写的材料不同，要写作的标的不同，既可包举一切的文字，复彼此平等，不相含混，所以可认为本质上的因素。叙述文的材料是客观的事物（有的虽也出自虚构，如陶潜的《桃花源记》之类，但篇中人、物、事实所处的地位，实与实有的客观的无异），写作的标的在于传述。议论文的材料是作者的见解，写作的标的在于表示。抒情文的材料是作者的情感，写作的标的在于发抒。

要指定某文属某类，须从它的总旨看。若从一篇的各部分看，则又往往见得一篇而兼具数类的性质。在叙述文里，常有记录人家的言谈的，有时这部分就是议论。在议论文里，常有列举事实作例证的，这等部分就是叙述。在抒情文里，因情感不可无所附丽，常要借述说或推断以达情，这就含有叙述或议论的因素了。像这样参伍错综的情形是常例，一篇纯粹是叙述、议论或抒情的却很少。但只要看全篇的总旨，它的属类立刻可以确定。虽然所记录的人家的言谈是议论，而作者只欲传述这番议论，所以是叙述文。虽然列举许多事实是叙述，而作者却欲借此表示他的见解，所以是议论文。虽然述说事物、推断义理是叙述与议论，而作者却欲因以发抒他的情感，所以是抒情文。

文字既分为上述的三类，从写作方面讲，当然分为叙述、议论、抒情三事。这些留在以后的几篇里去讨究，在这里先论这三事相互间的关系。

第一，叙述是议论的基本，议论是从叙述进一步的工夫。因为议论的全部的历程就是思想的历程，必须有根据，才能产生假设，并且证明假设；所根据的又必须是客观的真实，方属可靠。而叙述的任务就在说出客观的真实。所以议论某项事物，须先有叙述所根据的材料的能力；换一句说，就是对于所根据的材料认识得正确清楚；即使不必把全部写入篇中，而意念中总须能够全部叙述。不然，对于所根据的材料尚且弄不明白，怎能议论呢？不能议论而勉强要议论，所得的见解不是沙滩上的建筑么？写作文字，本乎内面的欲求，有些时候叙述了一些事物就满足了，固不必再发什么议论。但发议论必须有充分的叙述能力做基本。叙述与议论原来有这样的关系。

第二，叙述、议论二事与抒情，性质上有所不同。叙述或议论一事，意在说出这是这样子或者这应当是这样子。看这类文字的人只要求知道这是这样子或者这应当是这样子。一方面说出，一方面知道，都站在自己的静定的立足点上。这样的性质偏于理知。至于抒情，固然也是说出这是这样子或者这应当是这样子，但里面有作者心理上的感受与变动做灵魂。看这类文字的人便不自主地心理上起一种共鸣作用，也有与作者同样的感受与变动。一方面兴感，一方面被感，都足使自己与所谓这是这样子或者这应当是这样子融合为一。这样的性质偏于情感，若问抒情何以必须借径于叙述、议论而不径直发抒呢？这从心理之自然着想，就可以解答了。我们决没有虚悬无着的情感；事物凑合，境心相应，同时就觉有深浓的情感凝集拢来。所以抒情只须把事物凑合，境心相应的情况说出来。这虽然一样是叙述、议论的事，但已渗入了作者的情感，抒情化了。若说径直发抒，这样就是径直发抒。否则只有去采用那些情感的词语，如“哀愁”“欢乐”之类。就是写上一大串，又怎样发抒出什么呢？

六、叙　述

供给叙述的材料是客观的事物，上章既已说过了。所谓客观的事物包含得很广，凡物件的外形与内容，地方的形势与风景，个人的状貌与性情，事件的原委与因果，总之离开作者而依然存在的，都可以纳入。在这些里面，可以分为外显的与内涵的两部：如外形、形势、状貌等，都是显然可见的；而内容的品德、风景的佳胜、性情的情状、原委因果的关系等都是潜藏于内面的，并不能一望而知。

要叙述事物，必须先认识它们，了知它们。这唯有下工夫去观察。观察的目标在得其真际，就是要观察所得的恰与事物的本身一样。所以当排除一切成见与偏蔽，平心静气地与事物接触。对于事物的外显的部分固然视而可见，察而可知，并不要多大的能耐。对于内涵的部分也要认识得清楚，了知得明白，就不很容易了；必须审查周遍，致力精密，方得如愿以偿。其中尤以观察个人的性情与事件的原委、困果为最难。

个人的性情，其实就是这个人与别人的不同处；即非大不相同，也应有微异处。粗略地观察，好像人类性情是共通的，尤其在同一时代同一社会的人是这样。但再进一步，将见人与人只相类似而决非共通。因为类似，定有不同之点。不论是大不同或者微异，这就形成各人特有的个性。非常人如此，平常人也如此。所以要观察个人的性情，宜从他与别人不同的个性着手。找到他的个性，然后对于他的思想言动都能举约御繁，得到相当的了解。

简单的事件，一切经过都在我们目前，这与外显的材料不甚相差，尚不难观察。复杂的事件经过悠久的时间，中间包含许多的人，他们分做或合做了许多的动作，这样就成为一组的事，互相牵涉，不可分割。要从这里边观察，寻出正确的原委、因果，岂非难事?但是凡有事件必占着空间与时间，而且凡同一时间所发生的事件，空间必不相同；同一空间所发生的事件，时间必不相同。能够整理空间时间的关系，原委、因果自然会显露出来了。所以要观察复杂的事件，宜从空间时间的关系入手。

我们既做了观察的工夫，客观的事物就为我们所认识、所了知了，如实地写录下来，便是叙述。也有一类叙述文字是出于作者的想象，这似乎与叙述必先观察的话不相应了。其实不然。想象不过把许多次数、许多方面观察所得的融和为一，团成一件新的事物罢了。假若不以观察所得的为依据，也就无从起想象作用。所以虚构的叙述，也非先之以观察不可。

我们平时所观察的事物是很繁多的。要叙述出来，不可不规定一个范围。至若尚待临时去观察的，尤须划出范围，致力方能精审。划范围的标准就是要写作的总旨：要记下这件东西的全部，便以这件东西的全部为范围；要传述这人所作的某事，便以某事为范围：这是极自然的事，然而也是极重要的事。范围规定之后，才能下组织的工夫，剪裁与排次才有把握。凡是不在这范围以内的，就是不必叙述的，若偶有杂入，便当除去。而在范围以内的，就是必须叙述的，若尚有遗漏，便当补充。至于怎样排次才使这范围以内的事物完满叙出，也可因以决定。假如不先规定范围，材料杂乱，漫无中心，决不能写成一篇完整的文字。犯这样弊病的并不是没有，其故在忘记了要写作的总旨。只须记着总旨，没有不能规定所写材料的范围的。

假若规定以某事物的全部为范围而加以叙述，则可用系统的分类方法。把主从轻重先弄明白；再将主要的部分逐一分门立类，使统率其余的材料。这样叙述，有条有理，细大不遗，就满足了我们的初愿了。使我们起全部叙述的意念的材料，它的性质往往是静定的，没有什么变化；它的范围又出于本然，只待我们认定，不待我们界划。静定而不变化，则观察可以纤屑无遗；范围自成整个，则观察可以不生混淆。既如此，应用系统的分类叙述，自然能够胜任愉快了。

有些时候，虽然也规定以某事物的全部为范围，而不能逐一遍举；则可把它分类，每类提出要领以概其余。只要分类正确，所提出的要领决然可以概括其余的材料。这样，虽不遍举，亦叙述了全部了。

更有些时候，并不要把事物的全部精密地叙述出来，只须有一个大略（但要确实是全部的大略），则可用鸟瞰的眼光把各部分的位置以及相互的关系弄清楚，然后叙述。只要瞻瞩得普遍，提挈得的当，自能得一个全部的影子。

至于性质多变化，范围很广漠的材料，假如也要把全部纤屑不遗、提纲挈领地叙述下来，就不大可能了。然而事实上也决不会起这种意念；如欲叙述一个人，决不想把他每天每刻的思想言动叙下来；叙述一件事，决不想把它时时刻刻的微细经过叙下来；很自然地，只要划出一部分来做叙述的范围，也就满足了。范围既已划定，就认这部分是中心，必须使它十分圆满。至若其余的部分，或者带叙以见关系，或者以其不需要而不加叙述。这是侧重的方法。大部分的叙述文都是用这个方法写成的。这正如画家的一幅画，只能就材料丰富、顷刻迁变的大自然中，因自己的欢喜与选择，描出其中一部分的某一时令间的印象。虽说“只能”，但是在画家也满足了。

以上所述，叙述的范围始终只是一个。所以作者的观点也只须一个；或站在旁侧，或升临高处，或精密地观察局部，或大略地观察全体；不须移动，只把从这观点所见的叙述出来就是了。但是有时候，我们想叙述一事物的几方面或几时期，那就不能只划定一个范围，须得依着方面或时期划定几个范围。于是我们的观点就跟着移动，必须站在某一个适宜的观点上，才能叙述出某一范围的材料而无遗憾。这犹如要画长江沿途的景物，非移舟前进不可；又如看活动电影，非跟着戏剧的进行，一幕一幕看下去不可。像这样的，可称为复杂的叙述文，分开来就是几篇。但是并不把它们分开，仍旧合为一篇，那是因为它们彼此之间有承接，有影响，而环拱于一个中心之故。

叙述的排次，最常用的是依着自然的次序；如分类观察，自会列出第一类第二类来，集注观察，自会觉着第一层第二层来，依着这些层次叙述，就把作者所认识、了知的事物保留下来了。但也有为了注重起见，并不依着自然的次序的。这就是把最重要的一类或一层排次在先，本应在先的却留在后面补叙。如此，往往增加文字的力量，足以引起读者的注意。但既已颠乱了自然的次序，就非把前后关系接笋处明白且有力地叙出不可，否则成为求工反拙了。

七、议 论

议论的总旨在于表示作者的见解。所谓见解，包括对于事物的主张或评论，以及驳斥别人的主张而申述自己的主张。凡欲达到这些标的，必须自己有一个判断，或说“这是这样的”，或说“这不是这样的”。既有一个判断，它就充当了中心，种种的企图才得有所着力。所以如其没有判断，也就无所谓判断，也就无所谓见解，也就没有议论这回事了。

议论一件事物只能有一个判断。这里所谓一个，是指浑凝美满，像我们前此取为譬喻的圆球而言。在一回议论里固然不妨有好几个判断，但它们总是彼此一致、互相密接的；团结起来，就成为一个圆球似的总判断。因此，它们都是总判断的一部分，各各为着总判断而存在。如其说有两个或两个以上的判断，一定有些部分与这个总判断不相关涉，或竟互相矛盾；彼此团结不成一个圆球，所以须另外分立。不相关涉的，何必要它？互相矛盾的，又何能要它？势必完全割弃，方可免枝蔓、含糊的弊病。因而议论一件事物，只有而且只能有一个判断了。

议论的路径就是思想的路径。因为议论之先定有实际上待解决的问题，这就是所谓疑难的境地。而判断就是既已证定的假设。这样，岂不是在同一路径上么？不过思想的结果应用于独自的生活时，所以得到这结果的依据与路径不一定用得到。议论的判断，不论以口或以笔表示于外面时，那就不是这样了。一说到表示，就含有对人的意思，而且目的在使人相信。假若光是给人一个判断，人便将说，“判断不会突如其来的，你这个判断何所依据呢？为什么不可以那样而必须这样呢？”这就与相信差得远了。所以发议论的人于表示判断之外，更须担当一种责任：先把这些地方交代明白，不待人发生疑问。换一句说，就是要说出所以得到这判断的依据与路径来。譬如判断是目的地，这一种工作就是说明所走的道路。人家依着道路走，末了果真到了目的地，便见得这确是自然必至的事，疑问无从发生，当然唯有相信了。

议论里所用的依据当然和前面所说思想的依据一样，须是真切的经验，所以无非由观察而得的了知与推断所得的假设。论其性质，或者是事实，或者是事理。非把事实的内部外部剖析得清楚，认识得明白，事理的因果含蕴推阐得正确，审核得的当，就算不得真切的经验，不配做议论的依据。所以前边说过，“叙述是议论的基本”，这就是议论须先有观察工夫的意思。在这里又可以知道这一议论的依据有时就是别一议论（或是不发表出来的思想）的结果，所以随时须好好地议论（或者思想）。

所用的依据既然真切了，还必须使他人也信为真切，才可以供议论的应用。世间的事物，人已共喻的固然很多，用来做依据，自不必多所称论。但也有这事实是他人所不曾观察、没有了知的，这事理是他人所不及注意、未经信从的，假若用作依据，不加称论，就不是指示道路、叫人依着走的办法了。这必得叙述明白，使这事实也为他人所了知；论证如式，使这事理也为他人所信从。这样，所用的依据经过他人的承认，彼此就譬如在一条路上了。依着走去，自然到了目的地。

至于得到判断的路径，其实只是参伍错综使用归纳演绎两个方法而已。什么是归纳的方法？就是审查许多的事实、事理，比较、分析，求得它们的共通之点。于是综合成为通则，这通则就可以包含且解释这些事实或事理。什么是演绎的方法？就是从已知的事实、事理，推及其他的事实、事理。因此所想得的往往是所已知的属类，先已含在所已知之中。关于这些的讨论，有论理学担任。现在单说明议论时得到判断的路径，怎样参伍错综使用这两个方法。假设所用的一个依据是人已共喻的，判断早已含在里边，则只须走一条最简单的路径，应用演绎法就行了。假如依据的是多数的事实事理，得到判断的路径就不这么简单了。要从这些里边定出假设，预备作为判断，就得用归纳的方法。要用事例来证明，使这假设成为确实的判断，就得用演绎的方法。有时，多数的依据尚须从更多数的事实、事理里归纳出来。于是须应用两重的归纳、再跟上演绎的方法，方才算走完了应走的路径。这不是颇极参伍错综之致么？

在这里有一事应得说及，就是议论不很适用譬喻来做依据。通常的意思，似乎依据与譬喻可以相通的。其实不然，它们的性质不同，须得划分清楚。依据是从本质上供给我们以意思的，我们有了这意思，应用归纳或演绎的方法，便得到判断。只须这依据确是真实的，向他人表示，他人自会感觉循此路径达此目的地是自然必至的事，没有什么怀疑。至若譬喻，不过与判断的某一部分的情状略相类似而已，彼此的本质是没有关涉的；明白一点说，无论应用归纳法或演绎法，决不能从譬喻里得到判断。所以议论用譬喻来得出判断，即使这判断极真确，极有用，严格地讲，只能称为偶合的武断，而算不得判断；因为它没有依据，所用的依据是假的。用了假的依据，何能使人家信从呢？又何能自知必真确、必有用呢？我们要知譬喻本是一种修词的方法（后边要讨究到），用作议论的依据，是不配的。

现在归结前边的意思，就是依据、推论、判断这三者是议论的精魂。这三者明白切实，有可征验，才是确当的议论。把这三者都表示于人，次第井然，才是能够使人相信的议论。但是更有一些事情应得在这部分以前先给人家：第一，要提示所以要有这番议论的原由，说出实际上的疑难与解决的需要。这才使人家觉得这是值得讨究的问题，很高兴地要听我们下个怎样的判断。第二，要划分议论的范围，说关于某部分是议论所及的；同时也可以撇开以外一切的部分，说那些是不在议论的范围以内的。这才使人家认定了议论的趋向，很公平地听我们对于这趋向所下的判断。第三，要把预想中应有的敌论列举出来，随即加以评驳，以示这些都不足以摇动现在这个判断。这才使人家对于我们的判断固定地相信（在辩论中，这就成为主要的一部分，否则决不会针锋相对）。固然，每一回议论都先说这几件事是不必的，但适当的需要的时候就得完全述说；而先说其中的一事来做发端，几乎是议论文的通例。这本来也是环拱于中心——判断——的部分，所以我们常要用到它来使我们的文字成为浑圆的球体。

还要把议论的态度讨究一下。原来说话、作文都以求诚为归，而议论又专务发见事实、事理的真际，则议论的目标只在求诚，自是当然的事。但是我们如为成见所缚，意气所拘，就会变改议论的态度；虽自以为还准对着求诚，实则已经移易方向了。要完全没有成见是很难的；经验的缺乏，熏染的影响，时代与地域的关系，都足使我们具有成见。至于意气，也难消除净尽；事物当前，利害所关，不能不生好恶之心，这好恶之心譬如有色的眼镜，以此看事物，就不同本来的颜色。我们固然要自己修养，使成见意气离开我们，不致做议论的障碍；一方面更当抱定一种议论的态度，逢到议论总是这样，庶几有切实的把握，可以离开成见与意气。

凡议论夹着成见、意气而得不到切当的判断的，大半由于没有真个认清议论的范围；如论汉字的存废问题，不以使用上的便利与否为范围，而说汉字是中国立国的精华，废汉字就等于废中国，这就是起先没有认清范围，致使成见、意气乘隙而至。所以议论的最当保持的态度，就是认清范围，就事论事，不牵涉到枝节上去。认清范围并不是艰难的功课，一加省察，立刻觉知；如省察文字本是一种工具，便会觉知讨论它的存废，自当以使用上的便利与否为范围。觉知之后，成见、意气更何从搀入呢？

又，议论是希望人家信从的，人家愿意信从真实确当的判断，尤愿意信从这判断是恳切诚挚地表达出来的，所以议论宜取积极的诚恳的态度。这与前面所说是一贯的，既能就事论事，就决然积极而诚恳，至少不会有轻薄、骄傲、怒骂等等态度。至于轻薄、骄傲、怒骂等等态度的不适于议论，正同不适于平常的生活一样，在这里也不必说明了。

八、抒　情

抒情就是发抒作者的情感。我们心有所感，总要发抒出来，这是很自然的。小孩子的啼哭，可以说是“原始的”抒情了。小孩子并没有想到把他的不快告诉母亲，只是才一感到，就啼哭起来了。我们作抒情的文字，有时候很像小孩子这样自然倾吐胸中的情感，不一定要告诉人家。所谓“不得其平则鸣”，平是指情感的波澜绝不兴起的时候。只要略微不平，略微兴起一点波澜，就自然会鸣了。从前有许多好诗，署着“无名氏”而被保留下来的，它们的作者何尝一定要告诉人家呢？也只因情动于中，不能自已，所以歌咏出来罢了。

但是，有时我们又别有一种希望，很想把所感的深浓郁抑的情感告诉人，取得人家的同情或安慰。原来人类是群性的，我有欢喜的情感，如得人家的同情，似乎这欢喜的量更见扩大开来；我有悲哀的情感，如得人家的同情，似乎这悲哀不是徒然的孤独的了：这些都足以引起一种快适之感。至于求得安慰，那是怀着深哀至痛的人所切望的。无论如何哀痛，如有一个人，只要一个人，能够了解这种哀痛，而且说，“世界虽然不睬你，但是有我在呢；我了解你这哀痛，你也足以自慰了。”这时候，就如见着一线光明，感着一缕暖气，而哀痛转淡了。有许多抒情文字就为着希望取得人家的同情或安慰而写作的。

前面说过，抒情无非是叙述、议论，但里面有作者心理上的感受与变动做灵魂。换一句说，就是于叙述、议论上边加上一重情感的色彩，使它们成为一种抒情的工具。其色彩的属于何种则由情感而定；情感譬如彩光的灯，而叙述、议论是被照的一切。既是被照，虽然质料没有变更，而外貌或许要有所改易。如同一的材料，当叙述它时，应该精密地、完整地写的，而用作抒情的工具，只须有一个粗略的印象已足够了；当议论它时，应该列陈依据、指示论法的，而用作抒情的工具，只须有一个判断已足够了。这等情形在抒情文字里是常有的。怎样选择取舍，实在很难说明；只要情感有蕴蓄，自会有适宜的措置，正如彩光的灯照耀时，自会很适宜地显出改易了外貌的被照的一切一样。

抒情的工作实在是把境界、事物、思想、推断等等，凡是用得到的、足以表出这一种情感的，一一抽出来，融和混合，依情感的波澜的起伏，组成一件新的东西。可见这是一种创造。但从又一方面讲，工具必取之于客观，组织又合于人类心情之自然，可见这不尽是创造，也含着摹写的意味。王国维说：“自然中之物互相关系，互相限制。然其写之于文字及美术中也，必遗其关系、限制之处。故虽写实家亦理想家也。又虽如何虚构之境，其材料必求之于自然，而其构造亦必从自然之法则。故虽理想家亦写实家也。”他虽然不是讲抒情的情形，但如其把“自然”一词作广义讲，兼包人的心情在内，则这几句话正好比喻抒情的情形。

从读者方面说，因为抒情文字含着摹写的意味，性质是普遍的，所以能够明白了解；又因它是以作者的情感为灵魂而创造出来的，所以会觉着感动。所谓感动，与听着叙述而了知、听着议论而相信有所不同，乃是不待审度、思想，而恍若身受，竟忘其为作者的情感的意思。人间的情感本是相类似的，这人以为喜乐或哀苦的，那人也以为喜乐或哀苦。作者把自己的情感加上一番融凝烹炼的工夫，很纯粹地拿出来，自然会使人忘却人己之分，同自己感到的一样地感受得深切。这个感动可以说是抒情文的特性。

抒情以什么为适当的限度呢？这不比叙述，有客观的事物可据，又不比议论，有论理的法则可准。各人的情感有广狭、深浅、方向的不同，千差万殊，难定程限，唯有反求诸己，以自己的满足为限度；抒写到某地步，自己觉得所有的情感倾吐出来了，这就是最适当的限度。而要想给人家读的，尤当恰好写到这限度而止。如或不及，便是晦昧，不完全，人家将不能感受其整体；如或太过，便是累赘，不显明，人家也不会感受得深切。

抒情的方法可以分为两种：如一样是哀感，痛哭流涕、摧伤无极地写出来也可以，微歔默叹、别有凄心地写出来也可以；一样是愉快，欢呼狂叫、手舞足蹈地写出来也可以，别有会心、淡淡着笔地写出来也可以。一种是强烈的，紧张的；一种是清淡的，弛缓的。紧张的抒写往往直抒所感，不复节制，想到什么就说什么，毫不隐匿，也不改易。这只要内蕴的情感真而且深，自会写成很好的文字。它对人家具有一种近乎压迫似的力量，使人家不得不感动。弛缓的抒写则不然。往往涵蕴的情感很多很深，而从事于敛抑凝集，不给它全部拿出来，只写出似乎平常的一部分。其实呢，这一部分正就摄取了全情感的精魂。这样的东西，对读者的力量是暗示的而不是压迫的。读者读着，受着暗示，同时能动地动起情感来，于是感到作者所有的一切了。所以也可以说，这是留下若干部分使人家自己去想的抒写方法。

刘勰论胜篇秀句，“并思合而自逢，非研虑之所求也。或有晦塞为深，虽奥非隐；雕削取巧，虽美非秀矣。”我们可以借这话来说明抒情文怎么才得好。所谓“思合而自逢”，乃是中有至情，必欲宣发，这时候自会觉得应当怎样去抒写；或是一泻无余地写出来，或是敛抑凝集地写出来，都由所感的本身而定，并不是一种后加的做作工夫。这样，才成为胜篇秀句。至于“晦塞为深”“雕削取巧”，则是自己的情感不深厚，或竟是没有什么情感，而要借助于做作工夫。但是既无精魂，又怎么能得佳胜，感动人家呢？于此可知唯情感深厚，抒情文才得好；如其不从根本上求，却去做雕斲藻饰的工夫，只是徒劳而已。

取浑然的情感表现于文字，要使恰相密合，人家能览此而感彼，差不多全是修词的效力。这归入第十章中讨究。

九、描　写

描写一事，于叙述、抒情最有关系，这二者大部是描写的工夫；

即在议论，关于论调的风格、趣味等等，也是描写的事：所以在这一章里讨究描写。

描写的目的是把作者所知所感密合地活跃地保存于文字中。同时对于读者就发生一种功效，就是读者得以真切了知作者所知，如实感受作者所感，没有误会、晦昧等等缺憾。

我们对于一切事物，自山水之具象以至人心之微妙，时相接触，从此有所觉知，有所感动，都因为有一个印象进入我们的心。既然如此，要密合而且活跃地描写出来，唯有把握住这一个印象来描写。描写这个印象，只有一种最适当的说法，正如照相器摄取景物，镜头只有一个最适当的焦点一样；除了这一种说法，旁的说法就差一点了。所以找到这一种最适当的说法，是描写应当努力的。

先论描写当前可见的境界。当前可见的境界给与我们一个什么印象呢？不是像一幅画图的样子么？画家要把它描写出来，就得相定位置，审视隐现，依光线的明暗、空气的稀密，使用各种彩色，适当地涂在画幅上。如今要用文字来描写它，也得采用绘画的方法，凡是画家所经心的那些条件，也得一样地经心。我们的彩色就只是文字；而文字组合得适当选用得恰好，也能把位置、隐现等等都描写出来，保存个完美的印象。

史传里边叙述的是以前时代的境界。如小说里边叙述的是出于虚构的境界，都不是当前可见的。但是描写起来也以作者曾有的印象为蓝本。作者把曾有的印象割裂或并合，以就所写的题材，那是有的，而决不能完全脱离印象。完全脱离了便成空虚无物，更从哪里去描写呢？

以上是说以静观境界，也以静写境界。也有些时候，我们对于某种境界起了某种情感，所得的印象就不单是一幅画图了，这画图中还搀和着我们的情感的分子。假如也只像平常绘画这样写出来，那就不能把捉住这个印象。必须融和别一种彩色在原用的彩色里

（这就是说把情感融入描写的文字），才能把它适当地表现出来。

次论描写人物。人有个性，各各不同，我们得自人物的印象也各各不同。就显然的说，男女、老幼、智愚等等各有特殊的印象给我们；就是同是男或女，同是老或幼，同是智或愚，也会给我们特殊的印象。描写人物，假若只就人的共通之点来写，则只能保存人的类型，不能表现出某一个人。要表现出某一个人，须抓住他给予我们的特殊的印象。如容貌风度、服饰等等，是显然可见的。可同描写境界一样，用绘画的方法来描写。至于内面的性情、理解等等，本是拿不出本体来的，也就不会直接给我们什么印象。必须有所寄托，方才显出来，方才使我们感知。而某一个人的性情、理解等等往往寄托于他的动作和谈话。所以要描写内面，就得着力于这二者。

在这里论描写而说到动作，这动作不是指一个人做的某一件事。在一件事里，固然大可以看出一个人的内面，但保存一件事在文字里是叙述的事情。这里的动作单指人身的活动，如举手、投足、坐、卧、哭、啼之类而言。这些活动都根于内面的活动，所以不可轻易放过，要把它们仔细描写出来。只要抓得住这人的特殊的动态，就把这人的内面也抓住了。

描写动作，要知道这人有这样的动作时所占的空间与时间。如其当前描写，空间与时间都是明白可知的，那还不十分重要。但是作文里的人物往往不能够当前描写，如历史与小说中的人物，怎么能够当前描写呢？这就非注意空间与时间不可了。关于空间，我们可于意想中划定一处地方，这个地方的方向、设置都要认清楚；譬如布置一个舞台，预备演剧者在上面活动。然后描写主人翁的动作。他若是坐，就有明确的向背，他若是走，就有清楚的踪迹。这还是就最浅的讲呢。总之，唯能先划定一个空间，方使所描写的主人翁的动作一一都有着落，内面的活动一一与外面的境界相应。关于时间，我们可于意想中先认定一个季节、一个时刻，犹如编作剧本，注明这幕戏发生于什么时候一样。然后描写主人翁的动作。一个动作占了若干时间，一总的动作是怎样的次第，就都可以有个把握。这才合乎自然，所描写的确实表现了被描写的。

在这里论到的谈话，不是指整篇的谈话，是指语调、语气等等而言。在这些地方正可以表现出各人的内面，所以我们不肯放过，要仔细描写出来。这当儿最要留意的：我们不要用自己谈话的样法来写，要用文中主人翁谈话的样法来写，使他说自己的话，不蒙着作者的色彩。就是描写不是当前的人物，也当想象出他的样法，让他说自己的话。在对话中，尤其用得到这一种经心。果能想象得精，把捉得住，往往在两三语中就把人物的内面活跃地传状出来了。

至于议论文，那就纯是我们自己说话了。所以又只当用自己的样法来写，正同描写他人一样。

以上是分论描写境界和人物。而在一些叙述文里，特别是在多数的抒情文里，境界与人物往往是分不开的。境界是人物的背景；人物是境界的摄影者，一切都从他的摄取而显现出来。于是描写就得双方兼顾。这大概有两种趋向：一是境界与人物互相调和的，如清明的月夜，写情人的欢爱；苦雨的黄昏，写寄客的离绪。这就见得彼此成个有机的结合，情与境都栩栩有生气。一是境界与人物不相调和的，如狂欢的盛会，中有感愤的独客；肮脏的社会，却有卓拔的佳士。这就见得彼此绝然相反，而人物的性格却反衬得十分明显。这二者原没有优劣之别，我们可就题材之自然，决定从哪一种趋向。描写对应当注意的范围却扩大了；除却人物的个性以外，如自然界的星、月、风、云、气候、光线、声音、动物、植物、人为的建筑、器物等等，都要出力地描写，才得表现出这个调和或不调和来。

末了，我们要记着把握住印象是描写的根本要义。恰当地把握得住，具体地诉说得出，描写的能事已尽了。从反面看，就可知不求之于自己的印象，却从别人的描写法里学习描写，是间接的、寡效的办法。如其这么做，充其量也不过成了一件复制品。而自己的印象仿佛一个无尽的泉源，时时会有新鲜的描写流出来。

十、修　词

现在要讨究造句用词了。我们所有的情思化成一句句话，从表现的效力讲，从使人家明瞭且感动的程度讲，就有强弱、适当不适当的差异。有的时候，写作的人并不加什么经心，纯任自然，直觉地感知当怎么写便怎么写，却果真写到刚合恰好的地步。但是有的时候，也可特意地经心去发见更强、更适当的造句用词的方法。不论是出于不自觉的或是出于特意的，凡是使一句句的话达到刚合恰好的地步，我们都称为修词的工夫。

修词的工夫所担负的就是要一句话不只是写下来就算，还要成为表达这意思的最适合的一句话。如是说明的话，要使它最显豁；如是指象的话，要使它最妙肖；意在激刺，则使它具有最强的刺激力；意在描摹，则使它含着最好的生动态；……因为要达到这些目的，往往把平常的说法改了，别用一种变格的说法。

变格的说法有一种叫取譬。拿别一件事物来譬喻所说的事物，拿别一种动态来譬喻所说的动态，就是取譬。因为有时我们所说及的事物是不大容易指示的，所说及的动态是不能直接描绘的，所以只有用别的、不同的事物和动态来譬喻。从此就可以悟出取譬的条件：所取譬的虽然与所说的不同，但从某一方面看，它们定须有极相似处，否则失却譬喻的功用，这是一。所取譬的定须比所说的明显而具体，这才合于取譬的初愿，否则设譬而转入晦昧，只是无益的徒劳而已，这是二。凡能合于这两个条件的就是适合的好譬喻。

怎么能找到这等适合的好譬喻呢？这全恃作者的想象力；而想象力又不是凭空而至的，全恃平时的观察与体味而来。平时多为精密的观察、深入的体味，自会见到两件不同的事物的极相似处、两种不同的动态的可会通处，而且以彼视此，则较为明显而具体。于是找到适合的好譬喻了。

有的时候，我们触事接物，仿佛觉得那些没有知觉、情感的东西都是有知觉、情感的。有的时候，我们描写境界，又觉得环绕我们的境界都被着我们的情感的色彩。有的时候，我们描写人物，同时又给所写的境界被上人物的情感的色彩。这些也都来源于想象力：说出具体的话，写成征实的文句，就改变了平常的法则。从事描写，所谓以境写人、以境写情等等，就在能够适当地使用这类的语句。

更有一种来源于想象的修词法，可以叫做夸饰，就是言过其实，涉于夸大。这要在作者的意中先存着“差不多这样子”的想象；而把它写下来。又会使文字更具刺激和感动的力量，才适宜用这个方法。尤当注意的，一方面要使读者受到它的刺激和感动，一方面又要使读者明知其并非真实。唯其如此，所以与求诚不相违背，而是修词上可用的方法。

变格的说法有时是从联想来的。因了这一件，联想到那一件，便不照这一件本来的说，却拿联想到的那一件来说，这是常有的事。但从修词的观点讲，也得有条件才行。条件无非同前边取譬、夸饰一样，要更明显，更具体，更有刺激和感动的力量，才可以用。唯其得自作者真实的联想，又合于增加效力的条件，就与所谓隶事、砌典不同。因为前者出于自然，后者出于强饰。出于强饰的隶事、砌典并非修词，只是敷衍说话而已。王国维论作词用代字，说“其所以然者，非意不足，则语不妙也。”又说，“果以是为工，则古今类书具在，又安用词为耶?”最是痛切的议论。

要在语句的语气、神情中间达出作者特殊的心情、感觉，往往改变了平常的说法，这也是修词。如待读者自己去寻思，则出于含蓄，语若此而意更深；不欲直捷地陈说，则出于纡婉，语似谈而意却挚；意在讽刺，则出以反语、舛辞；情感强烈，则出以感叹、叠语。这些都并非出于后添的做作，而是作者认理真确，含情恳切，对于这等处所，都会自然地写出个最适合的说法。

看了上面一些意思，可以知道从事修词，有两点必须注意。一点是求之于己；因为想象、联想、语句的语气、神情等等，都是我们自己的事情。又一点是估定效力；假若用了这种修词而并不见得达到刚合恰好的地步，那就宁可不用。现成的修词方法很多，在所有的文篇里都含蓄着；但是我们不该采来就用，因为它们是别人的。求之于己，我们就会铸出许多新鲜的为我们所独有的修词方法；有时求索的结果也许与别人的一样，我们运用它，却与贸然采用他人者异致。更因出于自己，又经了估计，所以也不致有陈腐、不切等等弊病。

商务印书馆《百科小丛书》第48种。
1924年2月出版，署名叶绍钧。
载《叶圣陶集》15卷，12～54页。

作自己要作的题目

背景提示

题目就是中心，是一篇文章的眼睛。叶老在文章开篇便说："从作者方面说，有了题目，可以表示自己所写的中心。从读者方面说，看了题目，可以预知作品所含的内容。"此外，叶老还提到，教师要训练自己出题目的能力，要能够出学生愿意作的题目。学生则要能够练习除教师出的题目以外的课外作文，作自己想作的题目。

这篇文章不仅论述了题目的重要性，还论述了如何写一篇符合题目的作文的过程。

【原文】

一篇文，一首诗，一支歌曲，总得有个题目。从作者方面说，有了题目，可以表示自己所写的中心。从读者方面说，看了题目，可以预知作品所含的内容。题目的必要就在乎此。从前有截取篇首的几个字作题目的，第一句是"学而时习之"，就称这一篇为《学而》；有些人作诗，意境惝恍迷离，自己也不知道该题作什么，于是就用《无题》两字题在前头：这些是特殊的例子。论到作用，只在便于称说，同其他的篇章有所区别，其实用甲、乙、丙、丁来替代也未尝不可；所以这样办的向来就不多。

题目先文章而有呢，还是先有了文章才有题目？这很容易回答。可是问题不应该这样提。我们胸中有了这么一段意思，一种情感，要保留下来，让别人知道，或者备自己日后复按，这时候才动手写文章。在写下第一个字之前，我们意识着那意思那情感的全部。在意思的全部里必然有论断或主张之类，在情感的全部里至少有一个集注点：这些统称为中心。把这些中心写成简约的文字，不就是题目么？作者动手写作，总希望收最大限的效果。如果标明白中心所在，那是更能增加所以要写作的效果的（尤其是就让别人知道这一点说）。所以作者在努力写作之外，不惮斟酌尽善，把中心写成个适切的题目。这工夫该在文章未成之前做呢，还是在已成之后做？回答是在前在后都一样，因为中心总是这么一个。那么，问题目先文章而有还是文章先题目而有，岂不是毫无意义？我们可以决定地说的，是先有了意思情感才有题目。

胸中不先有意思情感，单有一个题目，而要动手写文章，我们有这样的时机么？没有的。既没有意思情感，写作的动机便无从发生。题目生根于意思情感，没有根，那悬空无着的题目从何而来呢？

但是，我们中学生确有单有一个题目，而也要动手写文章的时机。国文教师出了题目教我们作文，这时候，最先闯进胸中的是题目，意思情感之类无论如何总要迟来这么一步。这显然违反了一篇文章产生的自然程序。若因为这样就不愿作文，那又只有贻误自己。作文也同诸般技术一样，要达到运用自如的境界，必须经过充分的练习。教师出题目，原是要我们练习，现在却说不愿练习，岂非同自己为难？所以我们得退一步，希望教师能够了解学生的生活，能够设身处地地想象学生内部的意思和情感，然后选定学生能够作的愿意作的题目给学生作。如果这样，教师出题目就等于唤起学生作文的动机，也即是代学生标示了意思情感的中心，而意思情感原是学生先前固有的。从形迹讲，诚然题目先有；按求实际，却并没违反一篇文章产生的自然程序。贤明的教师选题目，一定能够这样做。

我们还要说的是作文这件事情既须练习，单靠教师出了题目才动笔，就未免回数太少，不能收充分的效果。现在通行的不是两星期作一回文么？一学年在学四十星期，只作得二十篇文章。还有呢，自己有了意思情感便能动手写出来，这是生活上必要的习惯，迟至中学时代须得养成。假若专等教师出了题目才动手，纵使教师如何贤明，所出题目如何适切，结果总不免本末倒置，会觉得作文的事情单为应付教师的练习功课，而与自己的意思情感是没有关涉的。到这样觉得的时候，这人身上便已负着人生的缺陷，缺陷的深度比哑巴不能开口还要利害。

要练习的回数多，不用说，还须课外作文。要养成抒写意思情感的习惯，那只须反问自己，内部有什么样的意思情感，便作什么样的文。两句话的意思合拢来，就是说除了教师出的题目以外，自己还要作文，作自己要作的题目。

自己要作的题目似乎不多吧？不，决不。一个中学生，自己要作的题目实在很多。上堂听功课，随时有新的意想，新的发现，是题目。下了课，去运动，去游戏，谁的技术怎样，什么事情的兴趣怎样，是题目。读名人的传记，受了感动，看有味的小说，起了想象，是题目。自然科学的实验和观察，如种树，如养鸡，如窥显微镜，如测候风、雨、寒、温，都是非常有趣的题目。校内的集会，如学生会、交谊会、运动会、演说会，校外的考查，如风俗、人情、工商状况、交通组织，也都是大可写作的题目。这些岂是说得尽的？总之，你只要随时反省，就觉得自己胸中决不是空空洞洞的；随时有一些意思情感在里头流衍着，而且起种种波澜。你如果不去把捉住这些，一会儿就像烟云一样消散了，再没痕迹。你如果仗一枝笔把这些保留下来，所成文字虽未必便是不朽之作，但因为是你自己所想的所感的，在你个人的生活史上实有很多的价值。同时，你便增多了练习作文的回数。

一个教师会出这样一个题目，《昨天的日记》。这题目并没不妥，昨天是大家度过了的。一天里总有所历、所闻、所思、所感，随便取一端两端写出来就得了。但是，一个学生在他的练习簿上写道："昨日晨起夜眠，进三餐，上五课，皆如前日，他无可记。"教师看了没有别的可说，只说"你算是写了一条日记的公式!"这个学生难道真个无可记么？哪有的事？他不是不曾反省，便是从什么地方传染了懒惰习惯，不高兴动笔罢了。一个中学生一天的日记，哪会没有可写的呢？

就教师出的题目作文，虽教师并不说明定须作多少字，而作者自己往往立一个约束，至少要作成数百字的一篇才行，否则似乎不像个样儿。这是很无谓的。文篇的长短全视内容的多少，内容多，数千字尽管写，内容少，几十字也无妨；或长或短，同样可以成很好的文章。不问内容多少，却先自规定至少要作多少字，这算什么呢？存着这样无谓的心思，会错过许多自己习作的机会。遇到一些片段的意想或感兴时，就觉这是不能写成像模样的一篇的，于是轻轻放过。这不但可惜，并且昧于所以要作文的意义了。

作文不该看作一件特殊的事情，犹如说话，本来不是一件特殊的事情。作文又不该看作一件呆板的事情，犹如泉流，或长或短，或曲或直，自然各异其致。我们要把生活与作文结合起来，多多练习，作自己要作的题目。久而久之，将会觉得作文是生活的一部分，是一种发展，是一种享受，而无所谓练习：这就与文章产生的自然程序完全一致了。

刊《中学生》杂志创刊号（1930年1月20日），署名郢生。

载《叶圣陶集》15卷，55～58页。

“通”与“不通”

背景提示

“通”与“不通”是从文章形式的角度来说的，主要包含两个方面——“词”和“篇章”。在思想正确的基础上，要注重语言方面的练习，词语恰当适合，篇章结构合理顺畅。

本文的论述，对古代文论中只谈“通”与“不通”，而没有给出具体标准的现象进行了反思，并且给出了具体标准，是对传统教育中大而化之的目标的精确化。

【原文】

讲到一篇文章，我们常常用“通”或“不通”的字眼来估量。在教师批改习作的评语里，这些字眼也极易遇见。我们既具有意思情感，提笔写作文章，到底要达到怎样的境界才算得“通”？不给这“通”字限定一个界域，徒然“通”啊“不通”啊大嚷一通，实在等于空说。假若限定了“通”字的界域，就如作其他事情一样定下了标准，练习的人既有用功的趋向，评判的人也有客观的依据。同时，凡不合乎这限定的界域的，当然便是“不通”。评判的人即不至单凭浑然的感觉，便冤说人家“不通”；而练习的人如果犯了“不通”的弊病，自家要重复省察，也不至茫无头绪。

从前有一些骄傲的文人，放眼当世文坛，觉得很少值得称数的人，便说当世“通”人少极了，只有三五个；或者说得更少，就只有一个——这一个当然是自己了。这些骄傲的文人把个“通”字抬得那么博大高深，决不是我们中学生作文的标准。我们只须从一般人着想，从一般人对自己的写作能力的期望着想，来限定“通”字的界域，这样的界域就很够我们应用。我们中学生不一定要作文人，尤其不要作骄傲的文人。

我们期望于我们的写作能力，最初步而又最切要的，是在乎能够找到那些适合的“字眼”，也就是适合的“词”。怎样叫作适合呢？我们内面所想的是这样一件东西，所感的是这样一种情况，而所用的“词”刚好代表这样一件东西，这样一种情况，让别人看了不至感到两歧的意义，这就叫作适合。同时，我们还期望能够组成调顺的“语句”，调顺的“篇章”。怎样叫作调顺呢？内面的意思情感是浑凝的，有如球，在同一瞬间可以感知整个的含蕴；而语言文字是联续的，有如线，须一贯而下，方能表达全体的内容。作文同说话一样，是将线表球的工夫，能够经营到通体妥贴，让别人看了便感知我们内面的意思情感，这就叫作调顺。适合的“词”犹如材料，用这些材料结构为调顺的“篇章”，这才成功一件东西。

动笔写作之前，谁不抱着上面所说的期望呢？这种期望是跟着写作的欲望一同萌生的。唯有“词”适合，“篇章”调顺，方才真个写出了我们所想写的。否则只给我们的意思情感铸了个模糊甚至矛盾的模型而已。这违反所以要写作的初意，绝非我们所甘愿的。

在这里，所谓“通”的界域便可限定了。一篇文章怎样才算得“通”？“词”使用得适合，“篇章”组织得调顺，便是“通”。反过来，“词”使用得乖谬，“篇章”组织得错乱，便是“不通”。从一般人讲，只用这么平淡的两句话就够了。这样的“通”没有骄傲的文人所说的那样博大高深，所以是不论何人都可能达到的，并且是必须达到的。

既已限定了“通”的界域，我们写成一篇文章，就无妨自家来考核，不必待教师的批订。我们先自问，使用的“词”都适合了么？

要回答这个问题，先得知道不适合的“词”怎样会参加到我们的文章里来。我们想到天，写了“天”字，想到汹涌的海洋，写下“汹涌的海洋”几个字，这其间，所写与所想一致，决不会有不适合的“词”闯入。但在整篇的文章里，情形并不全是这么简单。譬如我们要形容某一晚所见的月光，该说“各处都像涂上了白蜡”呢，还是说“各处都浸在碧水一般的月光里”？或者我们要叙述足球比赛，对于球员们奔驰冲突的情形，该说“拼死斗争”呢，还是说“奋勇竞胜”？这当儿就有了斟酌的余地。如果我们漫不斟酌，或是斟酌而决定得不得当，不合适的“词”便溜进我们的文章来了。漫不斟酌是疏忽，疏忽常常是贻误事情的因由，这里且不去说它。而斟酌过了何以又会决定得不得当呢？这一半源于平时体认事物未能真切，一半源于对使用的“词”未能确实了知它们的义蕴。就拿上面的例来讲，“涂上白蜡”不及“浸在碧水里”能传月光的神态，假若决定的却是“涂上白蜡”，那就是体认月光的神态尚欠工夫；“拼死斗争”不及“奋勇竞胜”合乎足球比赛的事实，假若决定的却是“拼死斗争”，那就是了知“拼死斗争”的义蕴尚有未尽。我们作文，“词”不能使用得适合，病因全在这两端。关于体认的一点，只有逐渐训练我们的思致和观察力。这是一步进一步的，在尚不曾进一步的当儿，不能够觉察现在一步的未能真切。关于义蕴的一点，那是眼前能多用一些工夫就可避免毛病的。曾见有人用“聊寞”二字，他以为“无聊”和“寂寞”意义相近，拼合起来大概也就是这么一类的意义，不知这是使人不解的。其实他如果翻检过字典辞书，明白了“无聊”和“寂寞”的义蕴，就不至写下这新铸而不通的“聊寞”来了。所以勤于翻检字典辞书，可使我们觉察哪些“词”在我们的文章里是适合的而哪些是不适合的。他人的文章也足供我们比照。在同样情形之下，他人为什么使用这个“词”不使用那个“词”呢？这样问，自会找出所以然，同时也就可以判定我们自己所使用的适合或否了。还有个消极的办法，凡义蕴和用法尚不能确切了知的“词”，宁可避而不用。不论什么事情，在审慎中间往往避去了不少的毛病。

其次，我们对自己的文章还要问，组织的“语句”和“篇章”都调顺了么？我们略习过一点儿文法，就知道在语言文字中间表示关系神情等，是“介词”“连词”“助词”等的重要职务。这些词使用得不称其职，大则会违反所要表达的意思情感，或者竟什么也不曾表达出来，只在白纸上涂了些黑字；小也使一篇文章琐碎涩拗，不得完整。从前讲作文，最要紧“虚字”用得通，这确不错；所谓“虚字”就是上面说的几类词。我们要明白它们的用法，要自己检查使用它们得当与否，当然依靠文法。文法能告诉我们这一切的所以然。我们还得留意我们每天每时的说话。说话是不留痕迹在纸面的文章。发声成语，声尽语即消逝，如其不经训练，没养成正确的习惯，随时会发生错误。听人家演说，往往“那么，那么”“这个，这个”特别听见得多，颇觉刺耳。仔细考察，这些大半是不得当的，不该用的。只因口说不妨重复说，先说的错了再说个不错的，又有人身的姿态作帮助，所以仍能使听的人了解。不过错误终究是错误。说话常带错误，影响到作文，可以写得叫人莫明所以。蹩脚的测字先生给人代写的信便是个适宜的例子；一样也是“然而”“所以”地写满在信笺上。可是你只能当它神签一般猜详，却不能确切断定它说的什么。说话常能正确，那就是对于文法所告诉我们的所以然不单是知，并且有了遵而行之的习惯。仅靠文法上的知是呆板的，临到作文，逐处按照，求其不错，结果不过不错而已。遵行文法成为说话的习惯，那时候，怎么恰当地使用一些“虚字”，使一篇文章刚好表达出我们的意思情感，几乎如灵感自来，不假思索。从前教人作文，别的不讲，只教把若干篇文章读得烂熟。我们且不问其他，这读得烂熟的办法并不能算坏，就是要把一些成例化为习惯。现在我们写的是“今话文”，假若说话不养成正确的习惯，虽讲求文法，也难收十分的效果。一方讲求文法，了知所以然，同时把了知的化为说话的习惯，平时说话总不与之相违背，这才于作文上大有帮助。我们写成一篇文章，只消把它诵读几遍，有不调顺的所在自然会发见，而且知道应该怎样去修改了。

“词”适合了，“篇章”调顺了，那就可以无愧地说，我们的文章“通”了。

这里说的“通”与“不通”，专就文字而言，是假定内面的思想情感没有什么毛病了的。其实思想情感方面的毛病尤其要避免。曾见小学生的练习簿，说到鸦片，便是“中国的不强皆由于鸦片”，说到赌博，便是“中国的不强皆由于赌博”。中国不强的原由这样简单么？中国不强果真“皆由”所论到的一件事物么？这样一反省，便将自觉意思上有了毛病。要避免这样的毛病在于整个的生活内容的充实，所以本篇里说不到。

刊《中学生》杂志2号（1930年2月1日），署名郢生。

载《叶圣陶集》15卷，59～63页。

“好”与“不好”

背景提示

这篇文章是上一篇《“通”与“不通”》的姊妹篇，是对写作标准再一次的聚焦。叶老在“通”的基础上又提出了“好”的标准，即“诚实”与“精密”。诚实是从文章的立意角度而言的，精密是从文章的组织形式和表达方式而言的。

叶老在这篇文章中多次采用举例的方式，来证明自己的观点，并从正反两个方面来谈论“好”与“不好”。文章本身就是“诚实”与“精密”的典范。

【原文】

提笔作文，如果存心这将是“天地间之至文”，或者将取得“文学家”的荣誉，就未免犯了虚夸的毛病。“天地间之至文”历来就有限得很，而且须经时间的淘汰才会被评定下来——岂是写作者动笔的时候自己可以判定的？“文学家”呢，依严格说，也并不是随便写一两篇文章可以取得的，——只有不注重批评的社会里才到处可以遇见“文学家”，这样的“文学家”等于能作文完篇的人而已。并且，这些预期与写作这件事情有什么关系呢？存着这些预期，文章的本身不会便增高了若干的价值。所以“至文”呀，“文学家”呀，简直不用去想。临到作文，一心一意作文就是了。

作文是我们生活里的一件事情，我们作其他事情总愿望作得很好，作文当然也不愿望平平而止。前此所说的“通”，只是作文最低度的条件。文而“不通”，犹如一件没制造完成的东西，拿不出去的。“通”了，这其间又可以分作两路：一是仅仅“通”而已，这像一件平常的东西，虽没毛病，却不出色；一是“通”而且“好”，这才像一件精美的物品，能引起观赏者的感兴，并给制作者以创造的喜悦。认真不肯苟且的人，写一篇文章必求它“通”，又望它能“好”，是极自然的心理。自己的力量能够做到的，假若不去做到，不是会感到像偷工减料一般的抱歉心情么？

怎样才能使文章“好”呢？或者怎样是“不好”的文章呢？我不想举那些玄虚的字眼如“超妙”“浑厚”等等来说，因为那些字眼同时可以拟想出很多，拿来讲得天花乱坠，结果把握不定它们的真切意义。我只想提出两点，说一篇文章里如果具有这两点，大概是可以称为“好”的了；不具有呢，那便是“不好”。这两点是“诚实”与“精密”。

在写作上，“诚实”是“有什么说什么”，或者是“内面怎样想怎样感，笔下便怎样写”。这个解释虽浅显，对于写作者却有一种深切的要求，就是文字须与写作者的思想、性情、环境等一致。杜甫的感慨悲凉的诗是“好”的，陶渊明的闲适自足的诗是“好”的，正因为他们所作各与他们的思想、性情、环境等一致，具有充分的“诚实”。记得十五六岁的时候，有一个同学死了，动手作挽文。这是难得遇到的题目。不知怎样写滑了手，竟写下了“恨不与君同死”这样意思的句子来。父亲看过，抬一抬眼镜问道，“你真这样想么？”哪里是真？不过从一般哀挽文字里看到这样的意思，随便取来填充篇幅罢了。这些句子如果用词适合，造语调顺，不能说“不通”。然而“不好”是无疑的，因为内面并非真有这样的情感，而纸面却这样说，这就缺少了“诚实”。我又想到有一些青年写的文章，“人生没有意义”啊，“空虚包围着我的全身”啊，在写下这些语句的时候，未尝不自以为直抒胸臆。但是试进一步自问：什么是“人生”？

什么是“有意义”？什么是“空虚”？不将踌躇疑虑，难以作答么？然而他们已经那么写下来了。这其间“诚实”的程度很低，未必“不通”而难免于“不好”。

也有人说，文章的“好”“不好”，只消从它的本身评论，不必问写作者的“诚实”与否；换一句说，就是写作者无妨“不诚实”地写作，只要写来得法，同样可以承认他所写是“好”的文章。这也不是没有理由。古人是去得遥遥了，传记又多简略，且未能尽信；便是并世的人，我们又怎能尽知他们的心情身世于先，然后去读他们的文章呢？我们当然是就文论文；以为“好”，以为“不好”，全凭着我们的批评知识与鉴赏能力。可是要注意，这样的说法是从阅读者的观点说的。如果转到写作者的观点，并不能因为有这样的说法就宽恕自己，说写作无需乎一定要“诚实”。这其间的因由很明显，只要这样一想就可了然。我们作文，即使不想给别人看，也总是出于这样的要求：自己有这么一个意思情感，觉得非把它铸成个定型不可，否则便会爽然若失，心里不舒服。这样提笔作文，当然要“诚实”地按照内面的意思情感来写才行。假若虚矫地搀入些旁的东西，写成的便不是原来那意思情感的定型，岂非仍然会爽然若失么？再讲到另一些文章，我们写来预备日后自己复按，或是给别人看的。如或容许“不诚实”的成分在里边，便是欺己欺人，那内心的愧疚将永远是洗刷不去的。爽然若失同内心愧疚纵使丢开不说，还有一点很使我们感觉无聊的，便是“不诚实”的文章难以写得“好”。我们不论做什么事情，发于自己的，切近于自己的，容易做得“好”；虚构悬揣，往往劳而少功。我们愿望文字写得“好”，而离开了自己的思想、性情、环境等，却向毫无根据和把握的方面乱写，怎能够达到我们的愿望呢？

到这里，或许有人要这样问：上面所说，专论自己发抒的文章是不错的，“不诚实”便违反发抒的本意，而且难以写得“好”；但是自己发抒的文章以外还有从旁描叙的一类，如有些小说写强盗和妓女的，若依上说，便须由强盗妓女自己动手才写得“好”，为什么实际上并不然呢？回答并不难。从旁描叙的文章少不了观察的工夫，观察得周至时，已把外面的一切收纳到我们内面，然后写出来。这是另一意义的“诚实”；同样可以写成“好”的文章。若不先观察，却要写从旁描叙的文章，就只好全凭冥想来应付，这是另一意义的“不诚实”。这样写成的文章，仅是缺乏亲切之感这一点，阅读者便将一致评为“不好”了。

所以，自己发抒的文字以与自己的思想、性情、环境等一致为“诚实”，从旁描叙的文章以观察得周至为“诚实”。

其次说到“精密”。“精密”的反面是粗疏平常。同样是“通”的文章，却有精密和粗疏平常的分别。写一封信给朋友，约他明天一同往图书馆看书。如果把这意思写了，用词造句又没毛病，不能不说这是一封“通”的信，但“好”是无法加上去的，因为它只是平常。或者作一篇游记，叙述到某地方去的经历，如果把所到的各地列举了，所见的风俗、人情也记上了，用词造句又没毛病，不能不说这是一篇“通”的游记，但“好”与否尚未能断定，因为它或许粗疏。文字里要有由写作者深至地发见出的、亲切地感受到的意思情感，而写出时又能不漏失它们的本真，这才当得起“精密”二字，同时这便是“好”的文章。有些人写到春景，总是说“桃红柳绿，水碧山青”；无聊的报馆访员写到集会，总是说“有某人某人演说，阐发无遗，听者动容”。单想敷衍完篇，这样地写固是个办法；若想写成“好”的文章，那是无论如何做不到的。必须走向“精密”的路，文章才会见得“好”。譬如柳宗元《小石潭记》写鱼的几句，“潭中鱼可百许头，皆若空游无所依。日光下澈，影布石上，佁然不动。俶尔远逝，往来翕忽，似与游者相乐。”是他细玩潭中的鱼，看了它们动定的情态，然后写下来的。大家称赞这几句是“好”文字。何以“好”呢？因为能传潭鱼的神。

而所以能传神，就在乎“精密”。

不独全篇整段，便是用一个字也有“精密”与否的分别。文学家往往教人家发现那唯一适当的字用入文章里。说“唯一”固未免言之过甚，带一点文学家的矜夸；但同样可“通”的几个字，若选定那“精密”的一个，文章便觉更好，这是确然无疑的。以前曾论过陶渊明《和刘柴桑》诗里“良辰入奇怀”的“入”字，正可抄在这里，以代申说。

……这个“入”字下得突兀。但是仔细体味，却下得非常好。——除开“入”换个什么字好呢？“良辰感奇怀”吧，太浅显太平常了；“良辰动奇怀”吧，也不见得高明了多少。而且，用“感”字用“动”字固然也是说出“良辰”同“奇怀”的关系，可是不及用“入”字来得圆融，来得深至。

所谓“良辰”包举外界景物而言，如山的苍翠，水的潺湲，晴空的晶耀，田畴的欣荣，飞鸟的鸣叫，游鱼的往来，都在里头；换个说法，这就是“美景”，“良辰美景”本来是连在一起的。不过这“良辰美景”，它自己是冥无所知的：它固不曾自谦道“在下蹩脚得很，丑陋得很”，却也不曾一声声勾引人们说“此地有良辰美景，你们切莫错过”。所以有许多人对于它简直没有动一点儿心：山苍翠吧，水潺湲吧，苍翠你的，潺湲你的，我自耕我的田，钓我的鱼，走我的路，或者打我的算盘。试问，如果世界全属此辈，“良辰美景”还在什么地方？不过，全属此辈是没有的事，自然会有些人给苍翠的山色、潺湲的水声移了情的。说到移情，真是个不易描摹的境界。勉强述说，仿佛那个东西迎我而来，倾注入我心中，又仿佛我迎那个东西而去，倾注入它的底里；我与它之外不复有旁的了，而且浑忘了我与它了：这样的时候，似乎可以说我给那个东西移了情了。山也移情，水也移情，晴空也移情，田畴也移情，飞鸟也移情，游鱼也移情，一切景物融和成一整个而移我们的情时，我们就不禁脱口而出，“好个良辰美景呵”！这“良辰美景”，在有些人原是视若无睹的；而另有些人竟至于移情，真是“嗜好与人异酸咸”，这种襟怀所以叫作“奇怀”。

到这里，“良辰”同“奇怀”的关系已很了然。“良辰”不自“良”，“良”于人之襟怀；寻常的襟怀未必能发见“良辰”，这须得是“奇怀”；中间缀一个“入”字，于是这些意思都含蓄在里头了。如其用“感”字或者“动”字，除开不曾把“良辰”所以成立之故表达外，还有把“良辰”同“奇怀”分隔成离立的两个之嫌。这就成一是感动者，一是被感动者；虽也是个诗的意境，但多少总有点儿索然。现在用的是“入”字。看字面，“良辰”是活泼泼地流溢于“奇怀”了。翻过来，不就是“奇怀”沉浸在“良辰”之中么？这样，又不就是浑泯“辰”与“怀”的一种超妙的境界么？所以前面说用“入”字来得圆融而深至。

从这一段话看，“良辰入奇怀”的所以“好”，在乎用字的“精密”。文章里凡能这般“精密”地用字的地方，常常是很“好”的地方。

要求“诚实”地发抒自己，是生活习惯里的事情，不仅限于作文一端。要求“诚实”地观察外物，“精密”地表出情意，也不是临作文时“抱佛脚”可以济事的。我们要求整个生活的充实，虽不为着预备作文，但“诚实”的“精密”的“好”文章必导源于充实的生活，那是无疑的。

刊《中学生》杂志3号（1930年3月1日），署名郢生。

载《叶圣陶集》15卷，64～70页。

延伸

写作是心中理想、情绪的外化。要写作，要有正确的表达，就需要用词恰当，结构顺畅。这就是写作的“内核”“外形”的完美结合。

现实中，很多语文教师没有考虑到写作原理，不愿意做研究，不能考虑到学生的需求，不能调动他们的积累。就作文的形式而言，他们喜欢那种文艺式的表达，而不是准确的表达。

想要有效地开展作文教学，一定要从写作原理、文章的写作、文章的质量标准等方面进行思考。

第二章

叶圣陶论写作教学

导读

写作教学是一座桥梁，是教师教学生学会写作的一个过程。叶老在写作教学方面有很多经验，其经验既来自他的写作实践，也来自他的教学实践。叶老在文章中谈到了写作的理想，所谓写作的理想，就是写作教学的目标。他认为写作的目标是“理真”“情切”“意达”，他希望通过写作教学能够让所有学生都能达到这个目标，都会写作，都喜欢写作。

论述写作过程，必须是在遵循写作原理的基础上进行。

对于小学作文教授之意见

背景提示

本文是叶老较早论述作文教学的文章，发表于1919年1月1日《新潮》第一卷第一号，署名是叶圣陶与王钟麟（伯祥）合著。这篇文章在《叶圣陶集》等多个作品集中都有收录，说明其在叶老著作中的重要性。

叶老于1911年中学毕后开始当教师，因为经验不足，遇到很多新教师都会遇到的问题，也产生了很多烦恼，这些在他的日记和通信中都有记录。1917年，叶老到吴县甪直镇县立第五高等小学校任教，一直工作到1922年。这段时间叶老已经开始进行教育改革，编写新的教科书。这篇文章是他在写作方面进行改革的具体表现。

从语言来看，这篇文章有从文言文向白话文转变的痕迹，文言色彩比较浓，这一点从对"之"字的运用就可以看出来。从立意来看，这篇文章主要是在进行理论的构建，以"顺其自然"适合学生发展为主旨，从读物、命题、作法、批改等方面进行了教学说明。

可以说，这篇文章是叶老写作教学思想的奠基之作。以后的很多文章，包括《作文论》等，都是对这篇文章的延伸和细化。

【原文】

此篇就著者平日之经验之理想撰述之。篇中多为平易朴实之理论，少陈类似教案之方法。盖理论乃根本，乃原则，根本定，原则立，自能左右逢源，自由肆应。方法则随事而变，难以隅反也。著者见解具如此篇所述。但欲期一事之进于优善，尤贵多人之共同讨究。著者颇抱为此种期望。深望教育界诸君子审查一过，或将此种理论付诸试验而评其成绩。于此或为赞许，或加匡正，务请不吝赐教。（通讯处吴县甪直镇县立第五高等小学校。）

处今日之时势，小学生所需智识至多。若以悠久之岁月而练习不可限程收效之作文，实非今日所应有之事。宜以最经济之时间练成其最能切实应用之作文能力。

小学作文教授之目的在令学生能以文字直抒情感，了无隔阂；朴实说理，不生谬误。至于修词之工，谋篇之巧，初非必要之需求。能之固佳，不能亦不为病。（按文字大别，不出抒情论叙二类。故但言抒情及说理。）

目的既如上述，则选择读物殊为必要。必与以模范，始得有着手之方。其不能学及不必学之读物亟当屏绝，而选读古文自亦属不可能。古文于现时代小学生扞格颇多。请胪举之：

一、陈义过高，所关至大，或学问家之所事，或谋国者之所究，与小学生现时处境绝不相关。

二、时代不同，即思想互异。诵而习之，或且为推究事理之障碍。境遇不同，即感想各殊。在彼以为真切有味者，在此未必一一领略。若强令诵习，必然无益。（以上二端犹指古文之无谬点者。）

三、古人持论，喜为联想，少事归纳。究其结果，智词累幅。效此推理论事，谬误必多。

四、牢愁写恨，避地鸣高，实居抒情之古文之大部分。此于学生孟晋之气必生障碍。

五、古文中每有不落边际，不可捉摸者。读之终篇，唯觉文字缴绕，茫无所得。苟取法于此，其弊为徒好虚论，语无实质。

或谓诵习古文，盖欲辨别历代文学之变迁，推究各种体制之沿革，反今人于古人，而体其著作之旨趣耳。殊不知此乃文学家事，而非小学生事。且文学家下此工夫，亦不过证古察变，以为自创新文学地步，并非欲舍弃自身态度，步趋古人也。令今日之小学生而模仿古人之文，决无是处。

今日小学作文之教授殊无把握。毕业而去者，或已臻通顺，则由于学生之努力与习性，未必果为教授之效；或尚未通顺，则教者学者俱已殚精竭力，咎亦均非其所愿任。其实根本解决此问题，还当改换读物选择之方针。著者前已言小学作文教授之目的及古文之不宜选择矣。总之，小学生作文，初不欲求其高雅典丽，肖于古文。然则但避古文不读，遽即收效耶？此殊未必。国人习惯，酷好摹古，有所撰述，其结体琢句，亦喜力追古人。小学生得此种读物，自好者便力思仿效，不知功力未到，转成牵强不通；自弃者惮仿效之多艰，径自舍去，任意挥洒，既无独立撰述之力，而类乎自身思想之文字又无从得而仿效。其结果亦成浅陋不通。我国文字之难习，言文之异致实为其主因。方为文之际，初则搜索材料，编次先后，其所思考固与口说一致，然欲笔之于纸，则须译为文言。于是手之所写非即心之所思。其间迻译之手续殊为辛苦。求胜摹古之心弥炽，则辛苦弥甚。颇有一种人，亦尝识字，亦能运思，亦富情感，而不能下笔成文者，即此手续为之障碍。欲去此障碍，唯有直书口说，当前固尚难能，而将来终当期其达到。为今之计，使之较近口说，俾易练习，则未始不可。试思口之所说，其故为雕琢，几经烹炼者几何？即夙擅文学之人，吾知其寥寥也。然则小学生之读物亦唯求其为较近口说之文字耳。至其内容，固不因此而有所改易也。教者果能随处留意，于学生之读物，或自编，或修改，务使十分平易，有类口说，则学生临文之际，得此模范，但就情意所至，举笔照录，不必迻译，便成文字矣。或谓如此为教，则学生为文必无典丽矞皇峭拔奇突之观。则答之曰：此言似是而实非。盖思想正确，情感真挚，实质上未始不堂皇正则，初不关文字间之典丽矞皇峭拔奇突也。诚著者之说，持之勿懈，则限程收效，目的必达，固敢自信也。

作文之形式为文字，其内容实不出思想情感两端。以言思想，则积理必富而为文始佳。若但读物得宜，便令仿其词句，握管撰作，则收效犹薄。夫文无本体，必附丽于事物而后成其为文。读物之实质固亦为种种之事物；而读物之处，事物正多，尤贵实际探求。宜令学者随时随地探求事物之精蕴，且必经己之思考而得答案。然后陈事说理自能确切而畅达。以言情感，则因人而异，岂能强求其同。他人抒情之作，以为酣畅淋漓者，自我视之，或竟索然。又或言过其分，转为饰伪，读者对之亦不生情感。是以选择抒情之读物，须真切有味，确具至情，可以激发学生情感者。而于平日训练能注意学生个性，因势利导而陶冶之，收效自必更巨。

心有所思，情有所感，而后有所撰作。唯初学作文，意在练习，不得已而采命题作文之办法。苟题意所含非学生所克胜，勉强成篇，此于其兴味及推理力摧残殊甚。是以教者命题，题意所含必学生心所能思。或使推究，或使整理，或使抒其情绪，或使表其意志。至于无谓之翻案，空泛之论断，即学生有作，尚宜亟为矫正；若以之命题，自当切戒。

文题取材应广博。不特学校中之所诵习所闻见可以命题，即家庭社会之事，苟学生能思议及之者，亦无不可命题。事事物物，与学生接触而引起其思想情感者，均可为文题之材料。如是，既能收各科联络之效，亦能练随遇肆应之才。不知此义，弊即随生。学生遂以为作文乃国文科中独有之事，其作用但在虚理缴绕，修词琢句，而于应用转不甚措意。迨夫事物当前，宜有所撰录，斯正应用之机会矣，而欲求应用之具竟不可得。庸讵知向以为独有之事者，正普通应用之利器耶？犯此弊者正夥，初非好为过言也。能史论不能书札，能拟古写景不能就眼前景物曲曲为之传神，即缘受此流毒。习染益深，其弊益甚，虚而无实，文字之功用失矣。

总之，作文命题及读物选择，须认定作之者读之者为学生，即以学生为本位也。教者有思想欲发挥，有情感欲抒写，未必即可命题，因学者未必有此思想有此情感也。教者心赏某文，玩索有素，未必即可选为教材，因学生读此文，其所摄受未必同于我也。必学生能作之文而后命题，必学生宜读之文而后选读，则得之矣。

教者或于学生作文之际示以意义，此最非所宜。教者之言动恒有一种暗示性质，势将予学生以限制。虽不强学生必从，而学生往往从之。意义既先讲出，则作文之效果充其量不过复述师言而止。甚者，学生于师意未能领解，更不免强为牵合。此习既成，其论事也，可以反无理为有理，我矛我盾萃于一篇。此于期望学生思考自由推理正确之初愿，大相剌谬矣。但须讲题明白，使学生认题确切。此外手续均不必用。

学生作文，须令分段，每段之先标明含意。此法之利有二：一、作者起题，必先审定含义应有几段，方能扼要标明。经此手续，则一篇大体，动笔之先早已成立。意义明画，文字自然清楚。庶可免捉笔辄书，不自知其所云之弊。二、谈话演说，推理论事，往往一段已完，则语气停顿。下一段即不连属于前，初不必用联词为之介也。文字本济语言之穷者，彼此自当一例。而每见学生作文，有于段与段之间强用联词，转成文字之累者，有欲其一贯，强改前后两段意义，使迁就而联络者。今令分段，则遇含意多端，说理须精之文题，可逞臆直书，无牵强之弊。

今之评量文字者，往往高谈句调高古，词华典赡，而不问思想之精确完整与否。故其言作文进境每分三段：初则寥寥数十语，但求文从字顺；继则力求充畅，扩为数百语以至千语；终乃缩之使短，返于初状，而词句自古茂凝炼。颇有人持此见解以觇学生之进程。

不知文字作用端在达意，意已完足，虽短何害？意犹未尽，则当长以畅言之。若必故为擒纵，则意本无多，衍充篇幅；语有未尽，强为收敛。在若辈视之，未尝不谓极行文之能事；而自我观之，殊不谓然。盖举枉错直，离实已甚，充类发达，亦不过游戏笔墨耳。著者以为小学生作文，既慎择读物以积理，则作法自当注意其意义是否精确，语句是否完整。必求合乎论理，而不贵乎虚衍。篇幅短长固应随顺意义也。即主张小学生作文必求典雅，亦须先注意于此。然后自求得之，庶不致人云亦云。若必罗列典雅语句，奇拗笔法，一一注入学生脑海，正恐劳而无功，适足助长学生之依赖性耳。

觇学生作文之进步与否，当视其推理能否正确，抒情能否绵美。果日累月积，思想益正确而完善，情感益恳挚而缜密，即可断定为确有进步。此全属作文内容之事，而非形式之事。是以收效在作文者，用功决非仅在练习作文。盖文之所载者实质，而文之所以成者方术也。质之不存，术将焉用？昧乎此而但以作文练习作文，不及其他，其卒无成效，固应得之果矣。或者乃专务形式方术，以文篇之峭拔波折，字句之研炼雕琢，为作文之进步，而于内容实质转无所措意，亦舍本而逐末矣。其实所谓峭拔波折研炼雕琢者亦何足道？夫文，凭理推事，准情抒写，心之所至，即文之结构矣。果理真而情切，直捷写来，宁有弗当？自经文家强命篇法，斟酌章句，一若吾既有真理至情可供抒写，又必顾及其所谓峭拔波折研炼雕琢者。于是改易实质以就篇章者有之；强造语句以成开合者有之；好为艰深，原意滋晦者有之；喜用僻字，意涉含糊者有之。求善反弊，究何取焉？或曰：子之所称，盖其流于弊，涉于歧途者耳。其不然者，固文家之上材也。答之曰：即不流于弊，不涉于歧途，亦何必于理真情切之外别加互易改换之功乎？小学生练习作文之要求，唯在理真情切而意达，即文学亦未能外此。不此之图，而务他求，即非无关，亦属旁义。小学生作文，练习既无多暇，目的又在应用；务其本，手段犹须经济；若鹜旁义，虽非背道，已成异趋。终其身弗达理真、情切、意达之目的，亦未可知也。

作者于为文之实质既已理真、情切，犹未必遽能意达。吾人临文之先，往往觉有真切之理、绵妙之情可供挥洒。一俟脱稿，试自讽诵，辄觉未能尽写我怀，因此不自惬意。更以示他人，而他人所摄受又未必即吾所思考。若此者，文字之效用可谓失其大部。夫一种情意必有一种最适切之语句表示之。此最适切之语句不可借用，不可互易；当机恰合，自然意达。今于作文教授，欲期其意达，亦只须令学生注意于此。盖初学者往往有语涉含糊意若两可之文字。苟迁就放过，致成素习，终其身且有情意满腔莫能卒达之苦。故教者须一一为之辨别，若何之情意，必以若何最适切之语句表示之。一衷名理，莫为强就，则意达之的庶几可达。

批改实为作文教授之要着，自须认定标的。批改固非教者自己作文，乃修正学生所作之意义及字句也。其意义不谬误而尚有不完全之处者，不必为之增；字句已通顺而尚欠凝炼高古者，不必为之改。意义不完，乃由于学生识力之未至，而非由于推理之谬误。夫识力之程度至无定限。今时教者所见，增之于作文簿者，他日学生识力进步或竟更造其深，而觉教者所增为意有未尽。然则于学生所作增加意义，已非妥善之方法；况一为增益，又足阻遏学生当时之精究心耶！至于字句之凝炼高古，本非必要之需求。己意既达，人亦共喻，虽不凝炼高古何害？苟字句可通，而必易之以同义异构之字句，此殊足减学生之兴味及精究心。况凝炼高古，厥义虚玄，以此责之，徒使生神秘之感。是以批改只应注意于谬误之推理，不通之字句。外此之事，不妨于发还时评论及之。如某处意义有未完之处，补入如何如何一层，则较完整而周密；某处字句有粗疏之嫌，倘作如何如何说法，则较精当而经济。如是，既重视学生精究之心，亦不失教者辅导之旨矣。

学生作文，意义有谬误，须为修改，前已言之。或全篇谬误，苟为之拟作，则学者既嫌文非己作，教者亦感不胜其烦。于是又有一法，指出其谬误之点，巧譬善导，使之领会，而后令之重作。令之重作，苟不授以意义，则前既谬误，或不能另辟途径；如告以如何作法，又将侵犯其思考之自由。但告以趋向，当从某方面着想，意在启发，而非限制，则重作之效果当有可观矣。意义不为增损，谬误促之自省，则于学生之推理及行文必多裨益，固不仅批改之足以尽事也。

综上所论，著者认为小学作文之教授，当以顺应自然之趋势而适合学生之地位为主旨。于读物则力避艰古，求近口说；于命题则随顺其推理之能力而渐使改进；于作法则不拘程式，务求达意，只须文字与情意相吻合；于批改则但为词句之修正，不为情意之增损。

刊《新潮》创刊号（1919 年 1 月 1 日）。
署名叶绍钧、王钟麒。
载《叶圣陶集》15 卷，3～11 页。

论写作教学

背景提示

叶圣陶日记：

十九日（星期四） 因佩弦督促，今日开始为《国文月刊》作文，论命题作文一事。此题有许多话可说，且信笔写下去，说多少算多少。迄于午后四时，所得尚不足千言。然久坐而不感疲乏，比之前月，精神确佳胜矣。

日来常吃炒花生与煨番薯，甘香足乐。花生每斤八角馀，番薯每斤一角八。

廿三日（星期一） 续作文字，至下午四时完毕，题为《论写作教学》。即作一信，将稿寄与佩弦，请其先行过目。一事完了，觉身心一轻矣。

这篇文章主要论述写作教学，是写给语文教师看的。叶老的基本观点是写作教学要摆脱八股精神，教师要从“修辞立诚”的视角来进行写作教学，也就是从语言和人的发展的角度来开展写作教学。文中列举了很多事例，说明什么是八股精神，也就是提出了不可为的标准。既然这样的做法要不得，那怎样进行写作教学呢？叶老并没有给出如何进行写作教学的具体步骤，而是引用了一段话，指出教师要鼓励学生多写，要从小文章写起，长此以往，学生就能够写得好了。这种看似平常的做法，其实是学生进行思维训练和语言实践的过程，除此以外，没有捷径可走。

【原文】

国文课定期命题作文，原是不得已的办法。写作的根源是发表的欲望；正同说话一样，胸中有所积蓄，不吐不快。同时写作是一种技术；有所积蓄，是一回事；怎样用文字表达所积蓄的，使它恰到好处，让自己有如量倾吐的快感，人家有情感心通的妙趣，又是一回事。依理说，心中有所积蓄，自然要说话；感到说话不足以行远传久，自然要作文。作文既以表达所积蓄的为目的，对于一字一词的得当与否，一语一句的顺适与否，前后组织的是否完密，材料取舍的是否合宜，自然该按照至当不易的标准，一一求能解答。不能解答，果真表达了与否就不可知；能解答，技术上的能事也就差不多了。这样说来，从有所积蓄而打算发表，从打算发表而研求技术，都不妨待学生自己去理会好了。但是国文科写作教学的目的，在养成学生两种习惯：（一）有所积蓄，须尽量用文字发表；（二）每逢用文字发表，须尽力在技术上用工夫。这并不存在着奢望，要学生个个成为著作家、文学家；只因在现代做人，写作已经同衣食一样，是生活上不可缺少的一个项目，这两种习惯非养成不可。唯恐学生有所积蓄而懒得发表，或打算发表而懒得在技术上用工夫，致与养成两种习惯的目的相违反，于是定期命题作文。通常作文，胸中先有一腔积蓄，临到执笔，拿出来就是，是很自然的；按题作文，首先遇见题目，得从平时之积蓄中拣选那些与题目相应合的拿出来，比较的不自然。若嫌它不自然，废而不用，只叫学生待需要写作的时候才写了交来，结果或许是一个学期也没有交来一篇，或许是来一篇小说一首新诗什么的，这就达不到写作教学的目的。所以定期命题作文的办法明知不自然，还是要用它。说是不得已的办法，就为此。

定期命题作文是不得已的办法，这一层意思，就教师说，非透彻理解不可。理解了这一层，才能使不自然的近于自然。教师命题的时候必须排除自己的成见与偏好；唯据平时对于学生的观察，测知他们胸中该当积蓄些什么，而就在这范围之内拟定题目。学生遇见这种题目，正触着他们胸中所积蓄，发表的欲望被引起了，对于表达的技术自当尽力用工夫；即使发表的欲望还没有到不吐不快的境界，只要按题作去，总之是把积蓄的拿出来，决不用将无作有，强不知以为知，勉强的成分既少，技术上的研摩也就绰有余裕。题目虽是教师临时出的，而积蓄却是学生原来有的。这样的写作，与著作家、文学家的写作并无二致；不自然的便近于自然了。学生经过多年这样的训练，习惯养成了，有所积蓄的时候，虽没有教师命题，也必用文字发表；用文字发表的时候，虽没有教师指点，也能使技术完美。这便是写作教学的成功。

胜义精言，世间本没有许多。我们的作文，呕尽心血，结果与他人所作，或仅大同小异，或竟不谋而合；这种经验差不多大家都有。因此，对于学生作文，标准不宜太高。若说立意必求独创，前无古人，言情必求甚深，感通百世，那么能文之士也只好长期搁笔，何况学生？但有一层最宜注意的，就是学生所写的必须是他们所积蓄的。只要真是他们所积蓄，从胸中拿出来的，虽与他人所作大同小异或不谋而合，一样可取；倘若并非他们所积蓄，而从依样葫芦、临时剽窃得来的，虽属胜义精言，也要不得。写作所以同衣食一样，成为生活上不可缺少的一个项目，原在表白内心，与他人相感通。如果将无作有，强不知以为知，徒然说一番花言巧语，实际上却没有表白内心的什么：写作到此地步便与生活脱离关系，又何必去学习它？训练学生写作，必须注重于倾吐他们的积蓄，无非要他们生活上终身受用的意思。这便是“修辞立诚”的基础。一个普通人，写一张便条，作一份报告，要“立诚”；一个著作家或文学家，撰一部论著，写一篇作品，也离不了“立诚”。日常应用与立言大业都站在这个基础上，又怎能不在教学写作的时候着意训练？

学生胸中有积蓄吗？那是不必问的问题。只要衡量的标准不太高，不说二十将近的青年，就是刚有一点知识的幼童，也有他的积蓄。幼童看见猫儿圆圆的脸，眯着眼睛抿着嘴，觉得它在那里笑：这就是一种积蓄。他说“猫儿在笑”，如果他会运用文字了，他写“猫儿在笑”，这正是很可宝贵的“立诚”的倾吐。所以，若把亲切的观察、透澈的知识、应合环境而发生的情思等等一律认为积蓄，学生胸中的积蓄是决不愁贫乏的。所积蓄的正确度与深广度跟着生活的进展而进展；在生活没有进展到某一阶段的时候，责备他们的积蓄不能更正确更深广，就犯了期望过切的毛病，事实上也没有效果。最要紧的还在测知学生当前具有的积蓄，消极方面不加阻遏，积极方面随时诱导，使他们尽量拿出来，化为文字，写上纸面。这样，学生便感觉写作并不是一件特殊的与生活无关的事；在技术上也就不肯马虎，总愿尽可能尽的力。待生活进展到某一阶段，所积蓄的更正确更深广了，当然仍本着“立诚”的习惯，一丝不苟地写出来，这便成了好文章。好文章有许多条件，也许可以有百端，在写作教学上势难一一顾到；但好文章有个基本条件，必须积蓄于胸中的充实而深美，又必须把这种积蓄化为充实而深美的文字，这种能力的培植却责无旁贷，全在写作教学。

不幸我国的写作教学继承着科举时代的传统，兴办学校数十年，还摆脱不了八股的精神。八股是明太祖所制定，内容要“代圣人立言”，就是不要说自己的话，而要代替圣人说话，说一番比圣人所说的更详尽的话。八股的形式也有规定，起承转合，两股相对，都不容马虎。当时朝廷制定了这么一种文体来考试士子；你要去应试，自然非练习不可。但是写作的本意原不在代他人说话，而在发表自己的积蓄；即使偶尔代他人写封家信，也得问个清楚明白，待要说的话了然于胸，写来才头头是道。若照八股的办法，第一，不要说自己的话，就是不要使胸中的积蓄与写作发生联系，这便阻遏了发表的欲望了。第二，圣人去今很远，他们的书又多抽象简略，要代他们立言，势非揣摩依仿不可，从揣摩依仿到穿凿附会，从穿凿附会到不知说些什么，倒是一条便捷的路；走上了这条路，写作便成了不可思议的事了。依常理而论，写作文章，除了人类所共通的逻辑的法则与种族所共通的语言的法则不容违背以外，用什么形式该是自由的。审度某种形式适于某种内容，根据内容决定形式，权衡全在作者。所谓文无定法，意思就在此。八股却不然，无论你内容是什么，不管你勉强不勉强，总得要配合那规定的间架与腔拍。这样写下来，写得好的，也只是巧妙有趣的游戏文字，写得坏的，便成莫名其妙的怪东西了。从前一般有识见的人，知道八股绝对不足以训练写作。为求取功名起见，他们固然要学习八股；但是要倾吐胸中的积蓄，要表白内心与他人相感通，八股是没有用处的，他们唯有努力于古文与辞赋诗词甚而至于白话小说才办得到。一些传世的著作家、文学家，就是从这班有识见的人中选拔出来的。可是学习八股究竟是利禄之途，有识见的人究竟仅占少数；所以大多数人只知在八股方面做工夫，形式上好像在训练写作，实际上却与训练写作南辕北辙。其结果，不要说做不到著书立说，就是写一封通常的书信，也比测字先生的手笔高明不到多少。这并不是挖苦的话，如今在六七十岁的老辈中间还可以找到这样的牺牲者呢。

八股不要了，科举废止了，新式教育兴起来了。新式教育的目标虽各有各说，但有一点为大家所公认，就是造就善于处理生活的公民。按照这个目标，写作既是生活上不可缺少的一个项目，自该完全摆脱八股的精神，顺着自然的途径，消极方面不阻遏发表的欲望，积极方面更诱导发表的欲望，这样来着手训练。无奈大家的习染太深了，提出目标是一回事，见诸实践又是一回事。实际上，便是史地理化等科，也被有意无意的认为利禄之途，成了变相的八股，而不问它与生活有什么干系。何况写作一事，直接继承着从前八股的系统，当然最容易保持八股的精神了。我八九岁的时候在书房里

“开笔”，教师出的题目是《登高自卑说》；他提示道：“这应当说到为学方面去。”我依他吩咐，写了八十多字，末了说：“登高尚尔，而况于学乎？”就在“尔”字“乎”字旁边博得了两个双圈。登高自卑本没有什么说的，偏要你说；单说登高自卑不行，你一定要说到为学方面去才合式：这就是八股的精神。这个话离现在将近四十年了，而现在中学生的作文本子上时常可以看到《治乱国用重典论》《经师易得，人师难求说》《荀子天论篇纯主人事，与向来儒家之言天者矛盾，试两申其义》《孟子主性善，荀子主性恶，二家之说孰是？》《上古竞于道德，中世逐于智谋，方今争于气力说》《宁静致远说》《蒙以养正说》《文以气为主论》一类的题目，足见八股的精神依然在支配着现在的写作教学。这并不是说那些题目根本要不得，如果到政治家、教育家、哲学家、史学家、文艺批评家手里，原都可以写成出色的文章。但是到中学生手里，揣量自己胸中没有什么积蓄，而题目已经写在黑板上，又非作不可；于是只得把教师提示的一点儿，书上所说到的一点儿，勉强充作内容，算是代教师代书本立言；内容既非自有，技术更无从考究，像不像且不管它，但图交卷完事。这样训练写作，不正合着八股的精神了吗？学生习惯了这样的训练，便觉写作是一件特殊的与生活无关的事；自己胸中的什么积蓄与写作不相干，必须拉扯一些不甚了了的内容，套合一个不三不四的架子，才算“作文”。有个极端的例子，对于学生来说，《我的家庭》是人人都有积蓄的题目，可是有的学生也会来一套“家庭是许多人的集合体，长辈有祖父、祖母、父亲、母亲、伯父、叔父，平辈有兄、弟、姊、妹，小辈有侄儿、侄女，但是我的家庭没有这么多人”的废话。你若责备他连“我的家庭”都说不上来，未免冤枉了他；他胸中原来清清楚楚知道“我的家庭”，但是他从平日所受的训练上得了一种错觉，以为老实说出来就不像“作文”了，为讨好起见，先来这么几句，不知道却是废话。所以训练者的观念合着八股的精神的时候，即使出了与学生生活非常相近的题目，也可以得到牛头不对马嘴的结果。你说学生的写作程度不好，诚然不好；但是那种变相的八股的写作程度，好了也没有多大用处。在生活上真有受用的写作训练，你并没有给他们，他们的程度又怎么会好？现在写作教学的一般情形，这两句话差不多可以包括尽了。训练写作的人只须平心静气问问自己：（一）平时对于学生的训练是不是适应他们当前所有的积蓄，不但不阻遏他们，并且多方诱导他们，使他们尽量拿出来？（二）平时出给学生作的题目，是不是切近他们的见闻、理解、情感、思想等等？总而言之，是不是切近他们的生活，借此培植"立诚"的基础？（三）学生对于作文的反映是不是认为非常自然的不做不快的事，而不认为教师硬要他们去做的无谓之举？如果答案都是否定的，便可知道写作教学的成绩不好，其咎不尽在学生，训练者实该负大部分的责任。而训练者所以要负这种不愉快的责任，其故在无意之中保持了八股的精神。

学生写给朋友的信，还过得去；可是当教师出了《致友人书》的题目的时候，写来往往不很着拍。这种经验，教师差不多都有。为什么如此，似乎难解释，其实不难解释。平常写信给朋友，老实倾吐胸中的积蓄；内容决定形式，技术上也乐意尽心，而且比较容易安排。待教师出了《致友人书》的题目，他们的错觉以为这是"作文"，与平常写信给朋友是两回事，不免做一些拉扯套合的工夫；于是写下来的文章不着拍了。学校中出壁报，上面的论文、记载、小说、诗歌，往往使人摇头。依理说，这种文章都是学生的自由倾吐，该比命题作文出色一点，而仍使人摇头，也似乎难以解释。其实命题作文也没有什么不好，命题作文而合着八股的精神，才发生毛病；学生中了那种毛病，把胸中所积蓄与纸面所写看作互不相关的两回事，以为写壁报文章也就是合着八股的精神的"作文"；所以写下来的文章也不足观了。无论写什么文章，只要而且必须如平常写信给朋友一样，老实倾吐胸中的积蓄。现在作文已不同于从前作八股，拉扯套合的功夫根本用不到，最要紧的是“有”，而且表达出那“有”：这两层，学生何不幸而得不到训练呢？

曾经看见一位先生的文章，论大学国文系“各体文习作”教材的编选，对于不懂体制的弊病，举一个青年为例。他说那个青年平时给爱人写情书，有恋爱小说作蓝本，满可以肆应不穷；但是母亲死了，要作哀启，恋爱小说这件法宝不灵了，无可奈何，只好请人代笔。我看了这段文章就想：写情书不问自己胸中的爱情如何，而要用恋爱小说作蓝本，的确是弊病；而这弊病的由来在于没有受到适当的写作训练。至于做母亲的哀启，在发表胸中所积蓄这一点上，实在与情书并无二致。单说不懂哀启的体制所以作不来哀启，好像懂了哀启体制就可以作成哀启，这样偏于形式，也是一种八股的精神。学生在不正确的观念之下受写作训练，竟至于写情书不问自己胸中的爱情，作母亲的哀启要请人代笔；说得过火一点，这样的训练还不如不受的好。不受训练，当然得不到诱导，但也遇不到阻遏；到胸中有所积蓄，发表的欲望非常旺盛的时候，由自己的努力，写来或许像个样子。受了八股的精神的训练，却渐渐走上了岔路，结果写作一事反而成为自由倾吐的障碍。八股时代的牺牲者写一封通常的书信也比测字先生的手笔高明不到多少，便是榜样。除非如从前有识见的人那样，明知所受的写作训练不是路数，自己另辟途径来训练自己，那才可以希望在生活上终身受用。然而有识见的人在大众中间究竟仅占少数啊！

教学生阅读，一部分的目的在给他们个写作的榜样。因此，教学就得着眼于（一），文中所表现的作者的积蓄，以及（二），作者用什么功夫来表达他的积蓄。这无非要使学生知道，胸中所积蓄要达到如何充实而深美的程度，那才非发表不可；发表又要如何苦心经营，一丝不苟，那才真做到了家。学生濡染既久，自己有数，何种积蓄值得发表，决不放过；何种积蓄不必发表，决不乱写；发表的当儿又能妥为安排，成个最适合于那种积蓄的形式，便算达到了作榜样的目的。阅读的文章并不是写作材料的仓库，尤其不是写作方法的程式。在写作的时候，愈不把阅读的文章放在心上愈好。但实际情形每与以上所说不合。曾经参观若干高等学校的阅读教学，教材无非《古文观止》中所收的几篇，教师的讲解也算顾到写作训练方面；如讲李白《春夜宴桃李园序》，便说“古人秉烛夜游”点“夜”，“况阳春召我以烟景”点“春”，“会桃李之芳园”点“桃李园”，“开琼筵以坐花，飞羽觞而醉月”点“宴”：这样逐字点明，题旨才没有遗漏。又如讲苏轼《喜雨亭记》，便说“亭以雨名，志喜也”是“开门见山法”，直点“喜”字“雨”字“亭”字；“既而弥月不雨，民方以为忧”是“反跌法”，衬托下文的“喜”；以下“乃雨”“又雨”“大雨”，逐层点“雨”字；以下“相与庆于庭”是官吏“喜”，“相与歌于市”是商贾“喜”，“相与忭于野”是农夫“喜”：这样反复点明，题旨才见得酣畅。把作者活生生的一腔积蓄僵化为死板板的一套程式，便是这种讲法的作用。那给与学生的暗示，仿佛《春夜宴桃李园序》与《喜雨亭记》并不是李白苏轼自己有话要说，而是他们的教师出了那两个题目要他们做的；而他们所以交得出那样两本超等的卷子，功夫全在搬弄程式，既不遗漏又且酣畅的点明题旨。从此推想开来，自然觉得写作是一种花巧；遇到任何题目，不管能说不能说，要说不要说，只要运用胸中所记得的一些程式来对付过去就行。为对付题目而作文，不为发表积蓄而作文；根据程式而决定形式，不根据内容而决定形式：这正是道地的八股精神。从前做好了八股，还可以取得功名；现在受这种类似八股的写作训练，又有什么用处呢？

你若去请教国文教师，为什么要学生作那种与他们生活不很切近的论说文，大半的回答是：毕业会试与升学考试常常出这类题目，不得不使学生预先练习。的确，毕业会试与升学考试的作文题目常常有不问学生胸中有些什么的，使有心人看了，只觉啼笑皆非。训练者忽视了学生一辈子的受用，而着眼于考试时交得出卷子；考试者不想着学生胸中真实有些什么，而随便出题目，致影响到平时的写作训练；这又是道地的八股精神。有一位主持高等考试的先生发表过谈话，说应试者的卷子“技术恶劣，思路不清”，言外有不胜感慨的意思。我想，要看到“技术完美，思路清晰”的多数好卷子，须待训练者与考试者对于写作训练有了正当的观念。观念不改变，而望学生写作能力普遍地够得上标准，那便是缘木求鱼。

改变观念，头绪很多，但有一个总纲，就是：完全摆脱八股的精神。所有指导与暗示，是八股的精神，彻底抛弃；能使学生真实受用的，务必着力：这就不但改变了观念，而连实践也革新了。至于命题作文的实施，罗庸先生的话很可以参酌。他说：“国文教师似应采取图画一课的教法，教学生多写生，多作小幅素描，如杂感短札之类，无所为而为，才是发露中诚的好机会。”

1940年12月23日作。

刊《国文月刊》1卷6期，署名叶绍钧。

载《叶圣陶集》15卷，85～95页。

阅读是写作的基础

背景提示

本文中有一个重要的观念，就是“训练”。训练不是让学生机械重复地记忆，而是想尽办法让学生把学到的东西变成自己的东西。这是很多语文教师所忽略的一点。“训练”这个词在日常的教学活动中出现的频次也在不断下降。

阅读和写作的关系，用阅读是写作的基础来表述，还是显得不够全面。阅读课上得好，写作未必有好的效果，这是很多语文教师所遇到的问题，也就是说虽然阅读是写作的基础，但是要形成真正的写作能力，还是要靠写作训练。叶老在文中也已经表述了，阅读是写作的基础，但是写作仍然是要进行的，所以，他又一次提到了出作文题，谈到了修改作文。阅读是写作的基础，但不可以替代写作。单纯地教阅读知识，单纯地教写作知识，对提高学生的阅读能力和写作能力作用不大，关键还是阅读和写作的实践，在实践中提高能力。

【原文】

在中小学语文教学中，基础知识和基本训练都重要，我看更要着重训练。什么叫训练呢？就是要使学生学的东西变成他们自己的东西。譬如学一个字，要他们认得，不忘记，用得适当，就要训练。语文方面许多项目都要经过不断练习，锲而不舍，养成习惯，才能变成他们自己的东西。现在语文教学虽说注意练习，其实练的不太多，这就影响学生掌握基础知识。老师对学生要求要严格。严格不是指老师整天逼着学生练这个练那个，使学生气都透不过来，而是说凡是要学生练习的，不要练过一下就算，总要经常引导督促，直到学的东西变成他们自己的东西才罢手。

有些人把阅读和写作看做不甚相干的两回事，而且特别着重写作，总是说学生的写作能力不行，好像语文程度就只看写作程度似的。阅读的基本训练不行，写作能力是不会提高的。常常有人要求出版社出版“怎样作文”之类的书，好像有了这类书，依据这类书指导作文，写作教学就好办了。实际上写作基于阅读。老师教得好，学生读得好，才写得好。这样，老师临时指导和批改作文既可以少辛苦些，学生又可以多得到些实益。

阅读课要讲得透。叫讲得透，无非是把词句讲清楚，把全篇讲清楚，作者的思路是怎样发展的，感情是怎样表达的，诸如此类。有的老师热情有余，可是本钱不够，办法不多，对课文不能透彻理解，总希望求助于人，或是请一位高明的老师给讲讲，或是靠集体备课。这不是从根本上解决问题的办法。功夫还在自己。只靠从别人那里拿来，自己不下功夫或者少下功夫，是不行的。譬如文与道的问题。人家说文与道该是统一的，你也相信文与道该是统一的，但是讲课文，该怎样讲才能体现文道统一，还得自辟蹊径。如果词句不甚了解，课文内容不大清楚，那就谈不到什么文和道了。原则可以共同研究商量，怎样适当地应用原则还是靠自己。根本之点还是透彻理解课文。所以靠拿来不行，要自己下功夫钻研。

我去年到外地，曾经在一些学校听语文课。有些老师话说得很多，把四十五分钟独占了。其实许多话是大可不讲的。譬如课文涉及农村人民公社，就把课文放在一旁，大讲农村人民公社的优越性。这个办法比较容易，也见得热情，但是不能说完成了语文课的任务。

在课堂里教语文，最终目的在达到“不需要教”，使学生养成这样一种能力，不待老师教，自己能阅读。学生将来经常要阅读，老师能经常跟在他们背后吗？因此，一边教，一边要逐渐为“不需要教”打基础。打基础的办法，也就是不要让学生只是被动地听讲，而要想方设法引导他们在听讲的时候自觉地动脑筋。老师独占四十五分钟固然不适应这个要求，讲说和发问的时候启发性不多，也不容易使学生自觉地动脑筋。怎样启发学生，使他们自觉地动脑筋，是老师备课极重要的项目。这个项目做到了，老师才真起了主导作用。

听见有些老师和家长说，现在学生了不起，一部《创业史》两天就看完了，颇有点儿沾沾自喜。我想且慢鼓励，最要紧的是查一查读得怎么样，如果只是眼睛在书页上跑过，只知道故事的极简略的梗概，那不能不认为只是马马虎虎地读。马马虎虎地读是不值得鼓励的。一部《创业史》没读好，问题不算大，养成了马马虎虎的读书习惯，可要吃一辈子的亏。阅读必须认真，先求认真，次求迅速，这是极重要的基本训练。要在阅读课中训练好。

阅读习惯不良，一定会影响到表达，就是说，写作能力不容易提高。因此，必须好好教阅读课。譬如讲文章须有中心思想。学生听了，知道文章须有中心思想，但是他说：“我作文就是抓不住中心思想。”如果教好阅读课，引导学生逐课逐课地体会，作者怎样用心思，怎样有条有理地表达出中心思想，他们就仿佛跟作者一块儿想过考虑过，到他们自己作文的时候，所谓熟门熟路，也比较容易抓住中心思想了。

总而言之，阅读是写作的基础。

作文出题是个问题。最近有一个学校拿来两篇作文让我看看，是初中三年级学生写的，题目是《伟大鲁迅的革命精神》。两篇里病句很多，问我该怎样教学生避免这些病句。我看，病句这么多，毛病主要出在题目上。初中学生读了鲁迅的几篇文章，就要他们写鲁迅的革命精神。他们写不出什么却要勉强写，病句就不一而足了。

有些老师说《难忘的一件事》《我的母亲》之类的题目都出过了，要找几个新鲜题目，搜索枯肠，难乎其难。我想，现在老师都是和学生经常在一起的，对学生了解得多，出题目该不会很困难。

有些老师喜欢大家挂在口头的那些好听的话，学生作文写上那些话，就给圈上红圈。学生摸准老师喜欢这一套，就几次三番地来这一套，常常得五分。分数是多了，可是实际上写作能力并没提高多少。特别严重的是习惯于这一套，往深处想和写出自己真情实意的途径就给挡住了。

老师改作文是够辛苦的。几十本，一本一本改，可是劳而少功。是不是可以改变方法呢？我看值得研究。要求本本精批细改，事实上是做不到的。与其事后辛劳，不如事前多作准备。平时不放松口头表达的训练，多注意指导阅读，钻到学生心里出题目，出了题目作一些必要的启发，诸如此类，都是事前准备。作了这些准备，改作文大概不会太费事了，而学生得到的实益可能多些。

1962年1月22日作。

刊4月10日《文汇报》，署名叶圣陶。

载《叶圣陶集》15卷，180～183页。

作文的练习

——跟北师大女附中语文教师讲话的提纲

背景提示

本文是叶老在北师大女附中发表讲话的提纲。叶老跟语文教师讲写作，目的是促进写作教学。开篇即提出写作的本质，是“思考之练习”，目的是“应实际需要”。此外，叶老还讲到阅读与写作的关系，教师对写作过程的指导，要注意出题的范围，要让学生认真练习作文，自己修改作文等，这些都是叶老“教是为了不教”教育思想的具体化。如果写作教学不能变为学生的需要，这样的教学就是无效的。

【原文】

作文为思考之练习，目的在养成良好之习惯，以应实际需要。

已知之事物与事理，要能完整地条理地准确地说出来。此为经常所需，而不为长期之练习即不易做到。故各科教学，令学生用自己的语言说出所学的东西，实为善法。而说与写又同而不同。同者，同样将胸中的东西拿出来。不同者，说当场吐语，不容间断，未免粗疏，写则比较从容，可以斟酌细想，更求精密。说可有种种辅助，写则唯有白纸黑字，欠精密即难使人通晓。还有一点，写之用较说为广。因此，除口头表达而外，学生必练习作文，以期思考之完整、条理、准确。说与写相互影响，说得好固然可以写得好，写得好的习惯养成了，也可以说得更好。

说与写均是一种技能，是运用语言文字的技能，可是究到根柢，却是思考的技能。思考不是凭空的，必须凭借语言才能思考。思考放在脑子里，拿不出来，必须成为定型的语言才拿得出来（就是说出来或写下来）。这种思考的技能谁都需要练好，否则交际与交流经验以及实际工作都会有所妨碍。咱们教语文，必须认清此一要点。

今日谈作文，但是要说一说作文与讲读阅读之关系。读课文当然受到种种教育，得到种种知识，同时也从课文受到思考之训练。各篇课文不同，但是有相同之点，思想必然有一条路径，一步步进展；材料一定有个范围，不相干的不随便收入；如果是论文，赞成或反对，主张这样不主张那样，一定交代出个所以然。咱们教的时候如果给学生指点清楚，真能使学生领会，则学生每读一篇即加深一回印象，其思考习惯即于无形中受到影响。再就各篇课文的语言文字说，如词序，词义辨析，词的色彩，词语配搭，前言后语之承贯，这样那样的语气，假如估计为学生所未知者，或已知而未曾深切辨别者，简要地作一些指点，此宜为兼顾思考与语言实际之教导。

学生平时也常说话，而未尝深究，今习于深究，知思考之准确得当，归根结柢在语言之准确得当，必然逐渐影响其思考习惯与语言习惯。故如此为教，比之脱离课本而徒讲篇章结构语法修辞者有效。讲课之际，自不必时时提到作文，而实则处处都与作文有关。故或以为读与作是两回事，显然不对。我竟欲谓教阅读如教得好，更不必有什么写作指导。

于是谈作文。先谈出题。题者何？思考之范围也。必以学生所有的东西作范围，或学生尚未全有，亦宜以其力所能搜求为范围。最不宜以尚在朦胧状态而思之亦想不清楚者为范围。前者之例，如平时惯出之题目，即使平日未甚措意，亦可临时观察认知。后者之例，如《鲁迅之革命精神》。前者虽或朦胧，思之即能清楚，所谓清楚，即可用具体的话说出来。后者限于识力，虽读过鲁翁之文几篇，然未易识其革命精神何在，即使焦心苦思，终于朦胧，所谓终于朦胧，即说不出具体的话。说不出而勉强说，必然前言不搭后语，必然随便凑些话来塞责。此亦可以成习惯，然此是不良之习惯，不知而乱说，甚且影响品德。故须力戒出此类题目。

出了题目，望学生和课文作者一样，在范围内思考，即在范围内说话。只要在范围内，取此取彼，或多或少，学生尽可自由，只要注意完整、条理、准确。以故提出统一提纲的办法不宜普遍用，只能相机而用，普遍用可能助长依赖性，阻碍学生之自由思考。

出题或预出，或临时出，各因其宜。大概估计需要搜材料加观察者，宜于预出。此亦甚须历练，因将来作文，颇有类此情形者。估计学生已相当明白者，可以临时出。临时出限定时间完篇，可以锻炼表达得迅速。至于防止代作而必临时出，此想殊非老师所宜存。

这儿要说到认真的态度，即要学生认真练习作文，当一回事。此不仅是语文课之事，是整个学校教育的事，从一些现象看，认真干一切，在学校教育中极需加强。不认真练，不当一回事，多练亦无益。唯有认真练，则多练一回得一回的好处。于语文课，我曾谓一使知其重要，二使感其趣味，教学乃易奏效。如何达此二者，希诸君善自为之。

务令学生自己检查修改已成之篇。此习惯必须养成，因为将来应用之际，总得要自己检查，自己修改。检查者何，检查思考是否准确得当。思考于何验之？验之于语言是否准确得当。修改者何？将思考之未尽善处改好，亦即将语言之未尽善处改好。在校作文有老师改，出了学校没有老师改，故必养成自己检查修改之习惯。且老师之改，目的也在于做到能自己改，最后阶段则达到可以少改甚至不需要改。

次说老师改。老师之改为何如事？即就学生所思考而思考之，察其是否完整、条理、准确。就根本说，在于察其思考，就形式说，则察其语言文字。思考完全合式，抓到了适当的语言文字，即不需改。凡需改者，必语言文字有不合处。其不合或应如此而如彼，或根本没说成明确的话，凡此皆思考未当，想法朦胧之故。老师为之改，即帮他想清楚，也就是帮他说明白，改就是这么一回事。

老师之改，似宜着眼于准确，不准确者改之使准确。次则着眼于条理，次序不当者，调整之使当。至于缺漏处，即欠完整处，似点明一下即可，让学生明白其所以然，自己去考虑如何补。（这就说一声或批一句已可。）

老师独改，不如与学生共改，为效更大。假定学生自己已认真检查过，修改过，而犹有不合处，是必出于疏忽。师生共改，老师即宜注意引起他们自觉其疏忽。彼觉其疏忽，且能自知如何改，当然让彼自改为最妙。待老师指出某处有疏忽，而彼尚不自觉，其时必甚感困惑，于此而为之改，必较发还改本去看印入更深。此法为师生共思考，共找适当的语言，效果肯定是好的。所惜不能普遍做。总望设法能适当地做。

再说老师独改。假定改得确用心，确精细，而学生看本子不能领会，即为无效。故如何使他们领会，亦大须研究，想出好办法。如何才是真领会？必明白前之想法说法何以不合，老师之想法说法何以合，才是真领会。这样领会，对于他们的思考习惯语言习惯真有推进作用。

景山之办法，令一排之学生听详讲，所讲为某一学生之作。此即合多人就一人之思考而思考之。他人虽非自己之作，而如真能用心，则于思考语言确均受训练，亦为有益。以此视之，如推广之于全班，亦复如是。若是则固不须本本均详改，略改者令其自改，改亦不必期其全改得合式，只要确有数处真说得出所以然，即是进步。唯此是否行得通，是否受舆论之同意，我不能断言。若数个学期行之而有成效，当可通行。而劳而少功之弊可免矣。

总之，一须多练，二须认真。欲其自动多练，欲其认真，必须如我所曾言，务令重之，好之。愿诸君勉之。

1962 年 5 月 7 日讲，提纲稿原无题目。

载《叶圣陶集》15 卷，184～188 页。

延伸

写作教学是教师很关注的话题。现在学生的写作水平怎样？相信很多人都有感受，虽然“千篇一律”的现象减少了，但是，作文追求“文艺腔”的现象仍然比较普遍。不少教师和学生认为文艺的就是好的，很多作文看似洋洋洒洒有千言，却不知所云。立意要高，语言要美，情意要深，几乎成了写作的潜在目标。现实中的写作教学，在努力让学生向着更高的目标前进的过程中，是否想到了写作的“立诚”之本、“意达”之能？应该怎样开展写作教学？叶老并没有给出十分明确的标准。比如，怎样拟定题目？怎样指导思考的过程？怎样指导语言的表达？怎样评价一篇文章？这些问题还需要一线教师自己思考，但是，这也不能全凭个人的经验，应该从写作原理的角度进行思考，有了思维的框架，才会有思维的成果，如果还是按照自己的想法去考虑，那只能是走一条老路。

第三章

叶圣陶论写作策略

导读

本章选了七篇文章，这七篇文章按照时间顺序排列，可以看到不同时期叶老有关写作策略方面的基本观点。之所以用“写作策略”一词，是因为虽然叶老多次使用“写作方法”一词，但是他所说的方法不是指具体的方法，而是在什么情况下使用什么方法的策略。

《写作什么》是从写作内容的角度论述的；《怎样写作》是从写作过程的角度论述的；《写作是极平常的事——〈国文随谈〉（节选）》从写作价值观的角度切入，论述了题目、材料、写作过程等；《写作须知与写作举要——〈中学国文学习法〉（节选）》首先明确了写作的目标，然后论述了写作须知和写作举要，简明扼要；《谈文章的修改》从修改思想和修改语言两个方面来论述；《拿起笔来之前》从写作准备的角度论述了技术准备和实际生活的准备；《和教师谈写作》从八个方面谈写作，既包含了前面几篇文章涉及的角度，又不是简单的重复。

写作什么

背景提示

写作什么，在叶老看来就是写自己的经验。什么是经验？经验就是经历过以后的体验。没有生活的经历，就谈不上经验。不能认真体验，就无法积累有益的经验。以一颗真心、诚心，好好生活，在生活的诸多小事中获取人生的经验，然后将其变成文字，就是写作。叶老的一生就是这样，时时、处处以诚待人，以诚处世，又把这些经验变成了各种文字。叶老在这篇文章中不仅告诉了读者写作什么，更是在向读者传授自己的写作经验，也是他多年写作的心得，他就是一直这样做的。

【原文】

国文科牵涉到的事项很多，这儿只讲一点关于写作的话。分两次讲，这一次的题目是《写作什么》，下一次的题目是《怎样写作》。我的话对于诸位不会有直接的帮助，我只希望能有间接的帮助。就是说，诸位听了我的话，把应该留心的留心起来，把应该避忌的随时避忌，什么方面应该用力就多多用力，什么方面不必措意就不去白费心思。这样经过相当的时候，写作能力自然渐渐增进了。

诸位现在写作，大概有以下的几个方面：国文教师按期出题目，教诸位练习，就要写作了；听了各门功课，有的时候要作笔记，做了各种试验，有的时候要作报告，就要写作了；游历一处地方，想把所见所闻以及感想记下来，离开了家属和亲友，想把最近的生活情形告诉他们，就要写作了；有的时候有种种观感凝结成一种意境，觉得要把这种意境化为文字，心里才畅快，也就要写作了。

以上几方面的写作材料都是诸位生活里原有的，不是从生活以外去勉强找来的。换句话说，这些写作材料都是自己的经验。我们平时说话，从极简单的日常用语到极繁复的对于一些事情的推断和评论，都无非根据自己的经验。因为根据经验，说起来就头头是道，没有废话，没有瞎七搭八的无聊话。如果超出了经验范围，却去空口说白话，没有一点天文学的知识，偏要讲星辰怎样运行，没有一点国际政治经济的学问，偏要推断意阿战争、海军会议的将来，一定说得牛头不对马嘴，徒然供人家作为嗤笑的资料。一个人如有自知之明，总不肯作这样的傻事，超出了自己的经验范围去瞎说。他一定知道自己有多少经验，什么方面他可以说话，什么方面他不配开口。在不配开口的场合就不开口，这并不是难为情的事，而正是一种诚实的美德。经验范围像波纹一样，越来越扩大。待扩大到相当的时候，本来不配开口的配开口了，那才开口，也并不嫌迟。作文原是说话的延续，用来济说话之穷，在说话所及不到的场合，就作文。因此作文自然应该单把经验范围以内的事物作为材料，不可把经验范围以外的事物勉强拉到笔底下来。照诸位现在写作的几个方面看，所有材料都是自己的经验，这正是非常顺适的事。顺着这个方向走去，是一条写作的平坦大路。

这层意思好像很平常，其实很重要。因为写作的态度就从这上边立定下来。知道写作原是说话的延续，写作材料应该以自己的经验为范围，这就把写作看作极寻常可是极严正的事。人人要写作，正同人人要说话一样，岂不是极寻常？不能超出自己的经验，不能随意乱道，岂不是极严正？这种态度是正常的，抱着这种态度的人，写作对于他是一种有用的技能。另外还有一种态度，把写作看作极特殊可是极随便的事。拿从前书塾里的情形来看，更可以明白。从前书塾里，学生并不个个作文。将来预备学工业、商业的，读了几年书认识一些字也就算了，只有预备应科举的几个才在相当的时候开始作文。开始作文称为“开笔”，那是一件了不得的事。开了笔的学生对先生要加送束脩，家长对人家说“我的孩子开笔了”，往往露出得意的笑容。这为什么呢？因为作了文可以应科举，将来的飞黄腾达都种因在这上边，所以大家都认为一件极特殊的事，这特殊的事并且是属于少数人的。再看开了笔作些什么呢？不是《温故而知新说》就是《汉高祖论》之类。新呀故呀翻来复去缠一阵就算完了篇；随便抓住汉高祖的一件事情，把他恭维一顿，或者唾骂一顿，也就算完了篇。这些材料大部分不是自己的经验，无非仿效别人的腔调，堆砌一些毫不相干的意思，说得坏一点儿，简直是鹦鹉学舌，文字游戏。从这条路径发展下去，这就来了专门拼凑典故的文章，无病呻吟的诗词。自己的经验是这样，写出来却并不这样，或许竟是相反的那样。写作同实际生活脱离了关系，只成为装点生活的东西，又何贵乎有这种写作的技能呢？所以说，这种态度是极随便的。到现在，科举虽然废掉了，作文虽然从小学初年级就要开始，可是大家对于写作的态度还没有完全脱去从前的那种弊病。现在个个学生要作文，固然不再是少数人的特殊的事，但是往往听见学生说“我没有意思，没有材料，拿起笔简直写不出什么来”，或者说“今天又要作文了，真是讨厌！”这些话表示一种误解，以为作文是学校生活中的特殊的事，而且须离开自己的经验去想意思，去找材料，自己原有的经验好像不配作为意思、不配充当材料似的。再从这里推想开去，又似乎所谓意思、所谓材料是一种说来很好听、写来很漂亮，但不和实际生活发生联系的花言巧语。这种花言巧语必须费很大的力气去搜寻，像猎犬去搜寻潜伏在山林中的野兽。搜寻未必就能得到，所以拿起笔写不出什么来，许多次老写不出什么来，就觉得作文真是一件讨厌的事。进一步说，抱着这样的态度作文，即使能够写出什么来，也不是值得欢慰的事。因为作文决不是把一些很好听、很漂亮的花言巧语写在纸上算完事的，必须根据经验，从实际生活里流注出来，那才合乎所以要作文的本意。离开了自己的经验而去故意搜寻，虽然搜寻的工夫也许很麻烦，但是不能不说他把作文看得太随便了。把作文看得特殊又看得随便的态度，使作文成为一种于人生无用的技能。这种态度非改变不可。诸位不妨自己想想：我把作文认作学校生活中的特殊的事吗？我离开了自己的经验故意去搜寻虚浮的材料吗？如果不曾，那就再好没有。如果确曾这样，而且至今还是这样，那就请立刻改变过来，改变为正当的态度，就是把作文看得寻常又看得严正的态度。抱着正当的态度的人决不会说没有意思、没有材料，因为他决不会没有经验，经验就是他的意思和材料。他又决不会说作文真是讨厌的事，因为作文是他生活中的一个项目，好比说话和吃饭各是生活中的一个项目，无论何人决不会说说话和吃饭真是讨厌。

以上说了许多话，无非说明写作材料应以自己的经验为范围。诸位现在写作的几个方面原都不出这个范围，只要抱正当的态度，动一回笔自然得到一回实益。诸位或者要问："教师命题作文，恐怕不属于我们的经验范围以内吧。"我可以这样回答，凡是贤明的国文教师，他出的题目应当不超出学生的经验范围，他应当站在学生的立脚点上替学生设想，什么材料是学生经验范围内的，是学生所能写的、所要写的，经过选择才定下题目来。这样，学生同写一封信、作一篇游记一样，仍然是为着发表自己的经验而写作，同时又得到了练习的益处。我知道现在国文教师贤明的很多，他们根据实际的经验和平时的研究，断不肯出一些离奇的题目，离开学生的经验十万八千里，叫学生搔头摸耳，叹息说没有意思、没有材料的。自然，也难免有一些教师受习惯和环境的影响，出的题目不很适合学生的胃口，我见过的《学而时习之论》就是一个例子。我若是学生，就不明白这个题目应该怎样地论。学而时习之，照常识讲，是不错的。除了说这个话不错以外，还有什么可说呢？这种题目，从前书塾里是常出的，现在升学考试和会考也间或有类似的题目。那位教师出这个题目，大概就由于这两种影响。诸位如果遇见了那样的教师，只得诚诚恳恳地请求他，说现在学会作这样的题目，只有逢到考试也许有点儿用处，在实际生活中简直没有需要作这样题目的时候。即使您先生认为预备考试的偶尔有用也属必要，可否让我们少作几回这样题目，多作几回发表自己经验的文章？这样的话很有道理，并不是什么非分的请求。有道理的话，谁不愿意听？我想诸位的教师一定会依从你们的。

再说经验有深切和浅薄的不同，有正确和错误的不同。譬如我们走一条街道，约略知道这条街道上有二三十家店铺，这不能不算是经验。但是我们如果仔细考察，知道这二三十家店铺属于哪一些部门，哪一家的资本最雄厚，哪一家的营业最发达，这样的经验比前面的经验深切多了。又譬如我们小时候看见月食，老祖母就告诉我们，这是野月亮要吞家月亮，若不敲锣打鼓来救，家月亮真个要被吃掉的。我们听了记在心里，这也是我们的经验，然而是错误的。后来我们学了地理，懂得星球运行的大概，才知道并没有什么野月亮，更没有吞食家月亮这回事，那遮没了月亮的原来是地球的影子。这才是正确的经验。这不过是两个例子，此外可以类推。我们写作，正同说话一样，总希望写出一些深切的正确的经验，不愿意涂满一张纸的全是一些浅薄的错误的经验。不然，就是把写作看得太不严正，和我们所抱的态度违背了。

单是写出自己的经验还嫌不够，要更进一步给经验加一番洗炼的工夫，才真正做到下笔绝不随便，合乎正当的写作态度。不过这就不止是写作方面的事了，而且也不止是国文科和各学科的事，而是我们整个生活里的事。我们每天上课，看书，劳作，游戏，随时随地都在取得经验，而且使经验越来越深切，越来越正确。这并不是为作文才这样做，我们要做一个有用的人，要做一个健全的公民，就不得不这样做。这样做同时给写作开了个活的泉源，从这个泉源去汲取，总可以得到澄清的水。所怕的是上课不肯好好地用功，看书没有选择又没有方法，劳作和游戏也只是随随便便，不用全副精神对付，只图敷衍过去就算，这样，经验就很难达到深切和正确的境界。这样的人做任何事都难做好，当然不能称为有用，当然够不上叫做健全的公民。同时他的写作的泉源干涸了，勉强要去汲取，汲起来的也是一盏半盏混着泥的脏水。写作材料的来源普遍于整个生活里，整个生活时时在那里向上发展，写作材料自会滔滔汩汩地无穷尽地流注出来，而且常是澄清的。有些人不明白这个道理，以为写作只要伏在桌子上拿起笔来硬干就会得到进步，不顾到经验的积累和洗炼，他们没想到写作原是和经验纠结而不可分的。这样硬干的结果也许会偶尔写成一些海市蜃楼那样很好看的文字，但是这不过一种毫无实用的玩意儿，在实际生活里好比赘瘤。这种技术是毫无实用的技术。希望诸位记着写作材料的来源普遍于整个的生活，写作固然要伏在桌子上，写作材料却不能够单单从伏在桌子上取得。离开了写作的桌子，上课、看书、劳作、游戏，刻刻认真，处处努力，一方面是本来应该这么做，另一方面也就开凿了写作材料的泉源。

现在来一个结束。写作什么呢？要写出自己的经验。经验又必须深切，必须正确，这要从整个生活里去下工夫。有了深切的正确的经验，写作就不愁没有很好的材料了。

1935 年 12 月 5 日在中央电台播讲。

刊《中学生》杂志 61 号，署名叶绍钧。

载《叶圣陶集》15 卷，71～77 页。

怎样写作

背景提示

怎样写作，最重要的就是锻炼语言习惯，这是本文的基本论点。叶老从作文法一类的书引入，谈到生活中的点滴事例，说明养成语言习惯的重要性，然后论述如何从口语、书面语两个方面养成良好的语言习惯。例如，诵读文言文是锻炼语言习惯的一种方式。叶老还指出，写作的时候要关注到为读者而作的目标，要用通用语去写作，尽量不用方言，更不要自造词汇。

【原文】

这一次讲的题目是《怎样写作》。怎样写作，现在有好些作文法一类的书，讲得很详细。不过写作的时候，如果要临时翻查这些书，一一按照书里说的做去，那就像一手拿着烹饪讲义一手做菜一样，未免是个笑话了。这些书大半从现成文章里归纳出一些法则来，告诉人家怎样怎样写作是合乎法则的，也附带说明怎样怎样写作是不合乎法则的。我们有了这些知识，去看一般文章就有了一枝量尺，不但知道某一篇文章好，还说得出好在什么地方，不但知道某一篇文章不好，还说得出不好在什么地方。自然，这些知识也能影响到我们的写作习惯，可是这种影响只在有意无意之间。写文章，往往会在某些地方写得不合法则，有了作文法的知识，就会觉察到那些不合法则的地方。于是特地留心，要把它改变过来。这特地留心未必马上就有成效，或许在三次里头，两次是改变过来了，一次却依然犯了老毛病。必须从特地留心成为不待经意的习惯，才能每一次都合乎法则。所以作文法一类书对于增强我们看文章的眼力有些直接的帮助，对于增强我们写文章的腕力只有间接的帮助。所以光看看这一类书未必就能把文章写好。如果临到作文而去翻查这些书，那更是毫无实益的傻事。

诸位现在都写语体文。语体文的最高的境界就是文章同说话一样。写在纸上的一句句的文章，念起来就是口头的一句句的语言，叫人家念了听了，不但完全明白文章的意思，还能够领会到那种声调和神气，仿佛当面听那作文的人亲口说话一般。要达到这个境界，不能专在文字方面做工夫，最要紧的还在锻炼语言习惯。因为语言好比物体的本身，文章好比给物体留下一个影像的照片，物体本身完整而有式样，拍成的照片当然完整而有式样。语言周妥而没有毛病，按照语言写下来的文章当然也周妥而没有毛病了。所以锻炼语言习惯是寻到根源去的办法。不过有一句应当声明，语言习惯是本来要锻炼的。一个人生活在大群中间，随时随地都有说话的必要，如果语言习惯上有了缺点，也就是生活技能上有了缺点，那是非常吃亏的。把语言习惯锻炼得良好，至少就有了一种极关重要的生活技能。对于作文，这又是一种最可靠的根源。我们怎能不努力锻炼呢？

现在小学里有说话的科目，又有演讲会、辩论会等的组织，中学里，演讲会和辩论会也常常举行。这些都是锻炼语言习惯的。参加这种集会，仔细听人家说的话，往往会发现以下的几种情形。说了半句话，缩住了，另外换一句来说，和刚才的半句话并没有关系，这是一种。“然而”“然而”一连串，“那么”“那么”一大堆，照理用一个就够了，因为要延长时间，等待着想下面的话，才说了那么许多，这是一种。应当“然而”的地方不“然而”，应当“那么”的地方不“那么”，只因为这些地方似乎需要一个词，可是想不好该用什么词，无可奈何，就随便拉一个来凑数，这是一种。有一些话听去很不顺耳，仔细辨辨，原来里头有几个词用得不妥当，不然就是多用了或者少用了几个词，这又是一种。这样说话的人，他平时的语言习惯一定不很好，而且极不留心去锻炼，所以在演讲会、辩论会里就把弱点表露出来了。若叫他写文章，他自然按照自己的语言习惯写，那就一定比他的口头语言更难使人明白。因为说话有面部的表情和身体的姿势作为帮助，语言虽然差一点，还可以使人家大体明白。写成文章，面部的表情和身体的姿势是写不进去的，让人家看见的只是支离破碎前不搭后的一些文句，岂不叫人糊涂？我由于职务上的关系，有机会读到许多中学生的文章，其中有非常出色的，也有不通的，所谓不通，就是除了材料不健全不妥当以外，还犯了前面说的几种毛病，语言习惯上的毛病。这些同学如果平时留心锻炼语言习惯，写起文章来就可以减少一些不通。加上经验方面的洗炼，使写作材料健全而妥当，那就完全通了。所谓“通”原来不是什么高不可攀的境界。

锻炼语言习惯要有恒心，随时随地当一件事做，正像矫正坐立的姿势一样，要随时随地坐得正立得正才可以养成坐得正立得正的习惯。我们要要求自己，无论何时不说一句不完整的话，说一句话一定要表达出一个意思，使人家听了都能够明白；无论何时不把一个不很了解的词硬用在语言里，也不把一个不很适当的词强凑在语言里。我们还要要求自己，无论何时不乱用一个连词，不多用或者少用一个助词。说一句话，一定要在应当“然而”的地方才“然而”，应当“那么”的地方才“那么”，需要“吗”的地方不缺少“吗”，不需要“了”的地方不无谓地“了”。这样锻炼好像很浅近、很可笑，实在是基本的，不可少的。家长对于孩子，小学教师对于小学生，就应该教他们，督促他们，作这样的锻炼。可惜有些家长和小学教师没有留意到这一层，或者留意到而没有收到相当的成效。

我们要养成语言这个极关重要的生活技能，就只得自己来留意。留意了相当时间之后，就能取得锻炼的成效。不过要测验成效怎样，从极简短的像“我正在看书”“他吃过饭了”这些单句上是看不出来的。我们不妨试说五分钟连续的话，看这一番话里能够不能够每句都符合自己提出的要求。如果能够了，锻炼就已经收了成效。到这地步，作起文来就不觉得费事了，口头该怎样说的笔下就怎样写，把无形的语言写下来成为有形的文章，只要是会写字的人，谁又不会做呢？依据的是没有毛病的语言，文章也就不会不通了。

听人家的语言，读人家的文章，对于锻炼语言习惯也有帮助。只是要特地留意，如果只大概了解了人家的意思就算数，对于锻炼我们的语言就不会有什么帮助了。必须特地留意人家怎样用词，怎样表达意思，留意考察怎样把一篇长长的语言顺次地说下去。这样，就能得到有用的资料，人家的长处我们可以汲取，人家的短处我们可以避免。

写语体文只是十几年来的事。好些文章，哪怕是有名的文章家写的，都还不纯粹是口头的语言。写语体文的技术还没有练到极纯熟的地步。不少人为了省事起见，往往凑进一些文言的调子和语汇去，成为一种不尴不尬的文体。刚才说过，语体文的最高境界就是文章同说话一样。所以这种不尴不尬的文体只能认为过渡时期的产物，不能认为十分完善的标准范本。这一点认清楚了，才可以不受现在文章的坏影响。但是这些文章也有长处，当然应该摹仿；至于不很纯粹的短处，就努力避免。如果全国中学生都向这方面用工夫，不但自己的语言习惯可以锻炼得非常好，还可以把语体文的文体加速地推进到纯粹的境界。

从前的人学作文章都注重诵读，往往说，只要把几十篇文章读得烂熟，自然而然就能够下笔成文了。这个话好像含有神秘性，说穿了道理也很平常，原来这就是锻炼语言习惯的意思。文言不同于口头语言，非但好多词不同，一部分语句组织也不同。要学不同于口头语言的文言，除了学这种特殊的语言习惯以外，没有别的方法。而诵读就是学这种特殊的语言习惯的一种锻炼。所以前人从诵读学作文章的方法是不错的。诸位若要作文言，也应该从熟读文言入手。不过我以为诸位实在没有作文言的必要。说语体浅文言深，先习语体，后习文言，正是由浅入深，这种说法也没有道理。文章的浅深该从内容和技术来决定，不在乎文体的是语体还是文言。况且我们既是现代人，要表达我们的思想情感，在口头既然用现代的语言，在笔下当然用按照口头语言写下来的语体。能写语体，已经有了最便利的工具，为什么还要去学一种不切实用的文言？若说升学考试或者其他考试，出的国文题目往往有限用文言的，不得不事前预备，这实在由于主持考试的人太不明白。希望他们通达起来，再不要作这种故意同学生为难而毫没有实际意义的事。而在这种事还没有绝迹以前，诸位为升学计，为通过其他考试计，就只得分出一部分工夫来，勉力去学作文言。

以上说了许多话，无非说明要写通顺的文章，最要紧的是锻炼语言习惯。因为文章就是语言的记录，二者本是同一的东西。可是还得进一步，还不能不知道文章和语言两样的地方。前面说过，说话有面部的表情和身体的姿势作为帮助，但是文章没有这样的帮助，这就是两样的地方。写文章得特别留意，怎样适当地写才可以不靠这种帮助而同样可以使人家明白。两样的地方还有一些。如两个人闲谈，往往天南地北，结尾和开头竟可以毫不相关。就是正式讨论一个问题，商量一件事情，有时也会在中间加入一段插话，像藤蔓一样爬开去，完全离开了本题。直到一个人省悟了，说："我们还是谈正经话吧。"这才一刀截断，重又回到本题。作文章不能这样。文章大部分是预备给人家看的，小部分是留给自己将来查考的，每一篇都有一个中心，没有中心就没有写作的必要。所以写作只该把有关中心的话写进去，而且要配列得周妥，使中心显露出来。那些漫无限制的随意话，像藤蔓一样爬开去的枝节话，都该剔除得干干净净，不让它浪费我们的笔墨。又如用语言讲述一件事情，往往噜噜苏苏，细大不捐；传述一场对话，更是照样述说，甲说什么，乙说什么，甲又说什么，乙又说什么。作文章不能这样。文章为求写作和阅读双方的省事，最要讲究经济。一篇文章，把紧要的话都漏掉，没有显露出什么中心来，这算不得经济。必须把紧要的话都写进去，此外再没有一句噜苏的话。正像善于用钱的人一样，不该省钱的地方决不妄省一个钱，不该费钱的地方决不妄费一个钱，这才够得上称为经济。叙述一件事情，得注意详略。对于事情的经过不作同等分量的叙述，必须叫人家详细明白的部分不惜费许多笔墨，不必叫人家详细明白的部分就一笔带过。如果记人家的对话，就得注意选择。对于人家的语言不作照单全收的记载，足以显示其人的思想、识见、性情等等的才入选，否则无妨丢开。又如说话往往用本土的方言以及本土语言的特殊调子。作文章不能这样。文章得让大家懂，得预备给各地的人看，应当用各地通行的语汇和语调。本土的语汇和语调必须淘汰，才可以不发生隔阂的弊病。以上说的是文章和语言两样的地方。知道了这几层，也就知道作文技术的大概。由知识渐渐成为习惯，作起文来就有记录语言的便利而没有死板地记录语言的缺点了。

现在来一个结束。怎样写作呢？最要紧的是锻炼我们的语言习惯。语言习惯好，写的文章就通顺了。其次要辨明白文章和语言两样的地方，辨得明白，能知能行，写的文章就不但通顺，而且是完整而无可指摘的了。

1935 年 12 月 7 日在中央电台播讲。
刊《中学生》杂志 61 号，署名叶绍钧。
载《叶圣陶集》15 卷，78～84 页。

写作是极平常的事

——《国文随谈》(节选)

背景提示

叶圣陶日记：

十月

三十日（星期三） 伤风轻复重，作稿千四百言而止。

卅一日（星期四） 竟日作稿，又得最高记录，约成二千五百言，背部酸痛甚。得佩弦信，补充其文稿。此公作文向不马虎，谓待余寄还后还得修改。

读报，知意大利已与希腊宣战，巴尔干战事爆发，欧战益扩大矣。我国桂南大捷，攻克龙州，进攻南宁，已迫近城郊。此好消息也。

十一月

一日（星期五） 身体疲惫已极，勉强将前所作文字续上千馀言，暂告一段落，待以后续写，总题为《国文随谈》，拟请彬然连载于《中学生》。午后偃卧竹榻，借作小休。

银行送来通知单，成都薪金居然寄来矣。计八、九、十三个月，共六百七十馀元，还了借欠，尚有百数十元可用也。

满子往一家毛线厂承揽编织衣物，居然成功，携毛线三磅以归。于是墨与满子皆动针指。每织毛线一两，工资二角云。武大教师之夫人颇有业此者，亦见薪水阶级之窘况矣。

灯下，余仍休卧，墨与满子作生活，至八时半始睡。

原文分为四部分，分别为“从国文课程标准谈起”“谈谈实施情形”“‘求甚解’”“写作是极平常的事”，此处选的是第四部分。

本文的基本观点是“写作是极平常的可是极需要认真的一件事情”。极平常是相对科举时代那种“代圣贤立言”来说的，想让读者了解写作就是说话，就是为了自己生活的需要。写作要认真，“句式要用得妥贴，词儿要用得得当，全在平时说话和阅读仔细留心”。

【原文节选】

这一回谈写作。写作就是说话，为了生活上的种种需要，把自己要说的话说出来；不过不是口头说话，而是笔头说话。各人有他要说的话，我写作是我说我的话，你写作是你说你的话。并没有话而勉强要说话，或者把别人的话拿来当作自己的话，都是和写作的本意相违反的。写成的文字平凡一点，浅近一点，都不妨事；胸中只有这么些平凡的经验和浅近的情思，如果硬要求其奇特深远，便是勉强了。最要问清楚的是：这经验和情思是不是自己胸中的？把它写出来是不是适应生活上的需要？如果是的，那就做到了一个“诚”字了；写作和说话一样，“立诚”是最要紧的。

咱们小时候不会说话，学习又学习，渐渐的会说话了，其经过自己往往记不清楚。但是只要看小孩们学习说话的经过，就知道这是一串很自然，可是很辛苦的工作。小孩要想吃东西的时候，就学着大人说“饭”或“吃”；要得到大人的爱抚的时候，就学着大人说“抱”或“欢喜”：这岂不是很自然的？但是，若把语音发错了，或者该说“吃”的却说了“抱”了，就不能满足他的欲望。他为要满足他的欲望，必须随时努力矫正，使说出来的刚好表白他的意念：这岂不是很辛苦的？从简单的一词一语起，直到能够说连续的一串话，能够讲一个故事，情形都如此。再进一步，他就要用笔说话了。想把教师的话记下来，就有写笔记的需要；想把自己的情意告诉许多同学，就有写一篇文字的需要；离开了家庭或朋友，就有写信的需要：因有需要，才拿起笔来说话，这正同他孩子时代说“吃”和“抱”一样的自然。但是，笔记记得不成样子，查看时候就弄不明白；情意说得不畅达，同学看了就莫名其妙；信写得糊里糊涂，接信的对方就摸不着头脑：在初动笔的时候，写不好几乎是必然的。从写不好到写得像个样子，这其间也要经过一段辛苦的学习过程。学习无非依傍人家，但消化的工夫还在自己。人家的笔记怎样记的？人家的情意怎样达的？人家的信是怎样写的？把人家的“怎样”看出来是一层，把自己的不“怎样”看出来是一层，把人家的“怎样”矫正自己的不“怎样”，使它成为自己的习惯，又是一层。到习惯养成了的时候，他才算学习及格，能够用笔说话了；用来应付生活的上的种种需要，可得许多便利，和能够用嘴说话一个样。

我说以上的话，意在表明写作是极平常的可是极需要认真的一件事情。这个观念很关重要，非在学习写作的时候认清不可。从前科举时代，学生在书塾里学习写作，那是有一个特殊的目标的，就是：写成投合考官眼光的文章，希望在仕宦的阶梯上一步步爬上去。现在虽然仍旧有考试，但考试的性质和科举时代不同了；你若认为学习写作的目标只在应付几回升学考试、毕业考试或其他考试，你就根本没有弄明白写作对于你有什么意义。从前书塾里也有一些高明的先生，不仅要学生去应考试，他们对学生期望得更高，要学生成为著作家或文章家，写作的教学就以此为目标。这样的目标显然也是特殊的；现在的国文教师不自觉的承袭着这个传统的，似乎还有，如在“批语”中发挥“立言”或“著作”的大道理的，以及迫着学生揣摩“神气”“阴阳”等抽象理法的，就是了。试想自古到今，成功的著作家或文章家有多少？即不说成功，想做著作家或文章家的又有多少？如果写作的目标只在做著作家或文章家，那末，让想做的人去学习好了，何必人人都学习？现在人人要学习写作，就因为把从前那种特殊目标丢开了，看出了它的平常，虽说平常，却又是人生所必需的缘故。说得具体一点，现在学习写作，并不为应考试，也不为要做著作家或文章家：只因为要记笔记，要把情意告诉别人，要写信给家庭或朋友，诸如此类。这些事都是极平常的，但做不来便是人生的缺陷。咱们不愿意有这种缺陷，所以非学习写作不可。

从前科举时代，作经义题目，是“代圣贤立言”；作策论题目，是代帝王划策。一个人对于经籍，如果确有所得，而所得又正与圣贤的见解相合，诚实的发挥出来，就迹象说，便是“代圣贤立言”：这并没有什么可议之处。一个人对于政治，如果确有真知灼见，或可以救一时之弊，或可以开万世之利，详尽的表示出来，就迹象说，便是代帝王划策：这也是很有意思的事儿。然而读经籍而能有所得，研究政治而能有真知灼见，只有极少数的人才办得到。科举制度却把文章的作用规定了，一般士子既要去应考试，学习写作就得顺着那方向走；你即使对于经籍毫无所得，也须代圣贤立言，你即使对于政治一窍不通，也须代帝王划策；只有极少数人办得到的事情，硬要多数人也勉强去做。试想其结果怎样？必然是言不由衷，语不切实，把人家的现成话抄袭一番，搬弄一番而已。这样的工夫做得到家，对于应付考试是有益的，可以蒙考官录取；然而对于整个生活却是有害的，因为无论说话作文，最要不得的是言不由衷，语不切实，而那些人偏偏落在这个陷阱里。做不到家的更不必说了，一辈子学习写作，既不能取得功名，又没有在生活上得到什么便利，真是被笔砚误了一辈子。

现在并不是科举时代了，我为什么要说那时代写作教学的弊病呢？因为现在的教师、家长乃至青年自己，对于写作这回事，还有抱着科举时代的精神的；这种精神必须根本革除，否则写作便是生活上的赘瘤，说得过火一点，竟可以不必学习，学习比不学习更坏。抱着科举时代的精神，从什么地方可以看出来呢？教师出一些超过学生能力的题目给学生作，迫着学生写一些自己也不甚了了的话在本子上；这和从前硬要代圣贤立言代帝王划策没有两样，是科举时代的精神。认学习写作专为应付考试；升学考试毕业考试要出什么样的题目，平时便作什么样的题目；教师对学生说“作文要用功，考试才可以及格”；家长对子弟说“你的文字这么坏，考试怎么能及格”：这是科举时代的精神。把写作看作与生活无关的事儿；不写自己的经验和情思，临到动笔，便勉强找一些不相干的话来说；或是以青年人的身份学说老年人的话，或是以现代人的身份学说古代人的话；这是科举时代的精神。请读者诸君想想，这些现象是不是有的？如果有的，咱们非改变观念，消灭这些现象不可。观念改变了，这些现象消灭了，咱们才可以认真的学习写作。

认真的学习写作也不是什么艰难的事情。简单的说，自己有什么就写什么，就是认真。一件事物，你知道得清楚的，一个道理，你明白得透彻的，一个意思，你思索得周到的，一种情感，你感受得真切的，这些都是你自己的东西；如果为了需要须动手写作，你就以这些为范围。反过来说，自己没有什么而勉强要写什么，就是不认真。所以，没有弄清楚孔子的学术思想而论孔子之道，没有某种经验和想象而作某种小说，自己一毛钱也不捐而作劝人献金的传单，平时从不想到国家民族而作爱国家爱民族的诗歌，都是不认真。其次，写什么定要竭尽自己的能力把它写出来，就是认真。你心里知道得清楚，明白得透彻，是一回事；把它写出来，大半是为了给人家看，人家看了你的文字，能不能知道得清楚，明白得透彻，又是一回事；两回事必须合而为一，你的写作才不是白费心力。理想的目标当然是写出来的刚好和你心里所有的一模一样，不多不少。但是把意念化为文字，要做到这般地步，事实上几乎不大可能；唯有竭尽你当时所有的能力，使写出来的差不多贴合你心里所有的，使人家看了你写出来的差不多看见了你的心。我说“所有的能力”，为什么在前边加一个“当时”？因为能力是逐渐长进的，在甲阶段不会有乙阶段的能力，要求躐等，实际上固然办不到，但本阶段的能力不可不尽；各阶段都有它的“当时”，每一阶段的“当时”都竭尽能力，你的写作就一辈子认真了。反过来说，写什么而马马虎虎，草率了事，就是不认真。所以，用一个词儿，不审察它的意义和用例，造一句句子，不体会它的句式和情调，以及提笔就写，不先把通体想一想，写完就算，不再把全文念几遍，以及不肯就自己的观点问一声“这写出来的是不是差不多贴合我心里所有的”，又不肯就读者的观点问一声“读者读了这文字是不是差不多看见了我的心”，都是不认真。认真的项目不过如上面所说的两个，普通人能如此，写作对于他是生活上非常有益的技能，终身受用不尽；就是著作家或文章家，也出不了这个范围，不如此而能成为著作家或文章家，那是不能想象的事情。

以上都是理论，现在要谈到方法了。学习写作的方法，大家知道，该从阅读和写作两项入手。就学习写作的观点说，阅读不仅在明白书中说些什么，更须明白它对于那些“什么”是怎么说的。譬如读一篇记述东西的文字，假定是韩愈的《画记》，要看出它是把画面的许多人和物分类记述的；更要看出像它这样记述，人和物的类别和姿态是说明白了，但人和物在画面的位置并没有顾到；更要明白分类记述和记明位置是不能兼顾的，这便是文字效力的限制，一篇文字不比一张照片。又如读一篇抒写情绪的文字，假定是朱自清的《背影》，要看出它叙述车站上的离别全在引到父亲的背影，父亲的背影是感动作者最深的一个印象，所以凡与此无关的都不叙述；更要看出篇中所记父亲的话都与父亲的爱子之心有关，也就是与背影有关，事实上离别时候父亲决不止说这些话，而文中仅记这些，这便是选择的工夫；更要看出这一篇抒写爱慕父亲的情绪全从叙事着手，若不叙事，而仅说父亲怎么怎么可以爱慕，虽然说上一大堆，其效果决不及这一篇，因为太空泛太不着边际了，抒情须寄托在叙事中间，这是个重要的原则。阅读时候看出了这些，对于写作是有用的。不是说凡作记述东西的文字都可以用《画记》的方法，凡作抒写情绪的文字都可以用《背影》的方法；但如果你所要写的正与《画记》或《背影》情形相类，你就可以采用它的方法；或者有一部分相类，你就可以酌取它的方法；或者完全不相类，你就可以断言决不该仿效它的方法。

《画记》和《背影》都是合式的成品的文字；阅读时候假如用心的话，即使遇到不合式不成品的文字，也可以在写作方面得到益处。那益处在看出它的毛病；自己看得出人家的毛病，当然可以随时检察自己，不犯同样的毛病。譬如，我近来收到一本杂志。中间有一篇小说，开头一节只有一句话："是零星点点的晨曦"。"曦"是"日色""日光"，"晨曦"是朝晨的阳光，朝晨的阳光怎么能用"零星点点的"来形容它呢？我想了一想，明白了，作者把"晨曦"误认作"朝晨"了；他的意思是那时间是清早，天上的星还没有完全隐没，所以说"是零星点点的晨曦"。他的毛病是用错词儿。我得了这个经验，写作时候便可以随时检察自己，看文字中有没有用错词儿，把甲义的词儿误认作乙义的。那篇小说的第二节是以下的话："在某战区某司令部的会议室中，集合着一群雄赳赳气昂昂的男女青年，他们都是不怕牺牲，忠勇爱国的英雄。"看了这一节，我就想：一篇表白欢情的文字，也许找不到一个"欢喜"或"快乐"，一篇表白悲感的文字，不一定把"悲伤""哀痛"等词儿写上一大堆；只要用了叙述和描写，把引起欢情或悲感的经过曲曲达出，在作者便是抒写了他的情绪；读者读了，便起了共鸣，也感到可喜或可悲。同样的情形，一群男女青年是"雄赳赳气昂昂的"，是"不怕牺牲，忠勇爱国的英雄"，只要用叙述和描写，把他们的思想、言语、姿态、行动曲曲达出，让人家读了，自己感到他们是"雄赳赳气昂昂的"，是"不怕牺牲，忠勇爱国的英雄"，就是了。何必预先来一个说明呢？倘若后文的叙述和描写没有达出这些，虽经预先说明，人家还是感觉不到。倘若后文的叙述和描写果能达出这些，这预先说明也是多事，不但不增加什么效果，反而是全篇的一个小小斑点。作者的毛病是误认说明可以代替表现，我得了这个经验，写作时候便可以随时检察自己，看文字中有没有该用表现的地方而用了说明的，有没有写了一大堆却不能使人家感觉到什么的。阅读若能这样随时留心，不但不合式不成品的文字对于咱们写作方面有益处，就是一张广告（如某种肥皂的广告上写道：“完全国产，冠于洋货”），一个牌示（如某浮桥旁边县政府的牌示道：“通过时不得互相拥挤以免发生危险”），也是咱们研摩的好资料。

至于习作，最好在实用方面下工夫。说清楚一点，就是为适应生活上的需要而写作，同时便认真的学习写作。如有信要写，有笔记要记，有可叙的事情要叙出来，有可说的情意要达出来，那时候千万不要放过，必须准备动笔。动笔以前，又必须仔细料量，这信该怎么写，这笔记该怎么记，这事情该怎么叙，这情意该怎么达；料量停当，然后下笔。完篇以后，又必须自己考核，这信是不是正是你所要写的，这笔记是不是正是你所要记的，这文字是不是正叙出了你所要叙的事情，这文字是不是正达出了你所要达的情意：考核下来，若是正是的，就实用说，你便写成了适应需要的文字；就学习说，你便增多了一回认真的历练。咱们当需要说话的时候，就能开口说话，因为咱们从小养成了这个习惯。若是从小受到禁遏，习惯没有养成，说话就没有这么便当了，甚而至于要不会说话。咱们学习写作，也要像说话一样养成习惯，凡遇到需要写作的时候，就提笔写作。错过需要写作的机会，便是自己对自己的禁遏。一回错过，两回错过，禁遏终于成功；于是你觉得一枝笔有千斤般重，搜尽肚肠好像没有一点东西可以写的，你不会写作了。提笔真是一件非常艰难的事情吗？你胸中真个没有一点东西可以写的吗？并不。

你所以不会写作，只因为你没有养成写作的习惯。养成习惯的方法并不难，不过是要写就写，不要错过机会而已。你如果抱定宗旨，要写就写，那你的写作机会一定不少，几乎每天可以遇到。读一本书，得到了一点意思，经历一件事情，悟出了一个道理，与朋友谈话，自己或朋友说了有意义的话，参加一个集会，那景况给与自己一种深刻的印象，参观一处地方，那地方的种种对自己都是新鲜的有兴味的，这些时候，不都是你的写作机会吗？若把这些并在一起，通通写下来，便是日记。有些人常常劝人写日记，其一部分的理由，就在写日记便不致错过写作的机会；并不是教人写那什么时候起身什么时候睡觉的刻板账。若把这些分开来，或单写读书得到的意思，或单写从事情中悟出的道理，便是或长或短的单篇文字。那时候你提起笔来，一定觉得你所要写的就在意念之中，而不在遥远不可知的地方；所以你不必沉入虚浮的幻想，也不致陷入惶惑的迷阵，只须脚踏实地，一步步走去就是。这样成了习惯，别的成就且不说，至少你的文字不会有空洞、浮夸、糊涂、诞妄等等毛病了。

现在再说由教师命题，咱们按题习作。咱们如果能不错过写作的机会，就得每天动笔写作；这样，练习已经很够了，教师命题可以说是多余的。教师所以要命题，就恐怕咱们错过机会，不肯要写就写，或是一星期不动一回笔，或是一个月不动一回笔；出了题，便逼得咱们非动笔不可。咱们对于命题习作，应该作这样看法。贤明的国文教师当然作这样看法。所以他们所命的题，往往是指定一个范围，那范围包含在咱们的经验和意念的大范围之内，教咱们就那范围写些出来。这样，虽然是教师命的题，实际上与咱们自己要写就写并无两样。举例来说，咱们各人有个家庭，对于家庭各人有种种的知识、情绪和感想：教师出一个《我的家庭》的题叫咱们作，岂不是和咱们自己要就“我的家庭”写篇文字一个样子？又如咱们去参加“月会”，各人具有一种奋发的严肃的心情，听了演讲人的话，各人有所触发，有所警惕，或有所评判；教师出一个《月会》的题叫咱们作，岂不是和咱们自己要就“月会”写篇文字一个样子？遇到这样的题，咱们自然如自己本来要写似的，径把胸中所有的写出来。不幸的是咱们有时遇见不甚贤明的教师，他们所命的题越出了咱们的经验和意念的范围，使咱们无从下手。如出了《师严而后道尊说》的题。咱们平时既没有想到“师”该怎样“严”的问题，又没有思索过什么叫做“道”，实在想胡说也无从说起。胡说是不应该的，何况胡说也办不到；那只有请求教师换过一个题了（因此交白卷闹风潮是不必的，教师虽不甚贤明，总该有一点贤明之处，可以帮助咱们的）。万一第二回出的题与《师严而后道尊说》不相上下，乃至第三回第四回还是如此，那咱们须特别警觉了：教师对于命题习作的看法和咱们全不一样，咱们要在写作方面求长进，更非随时要写就写，不错过机会不可了。

写作虽说就是说话，究竟与寻常口头说话有所不同。咱们寻常口头说话，想到一事说一句，看到一事又说一句；和人家谈话，问询这个是一句，回答那个又是一句。不要说一天工夫，就是把一点钟内的说话集拢来，便是噜噜苏苏不相连续的一大堆。写作决不是写下这么噜噜苏苏不相连续的一大堆。咱们要写作，必然有个主旨；前面所说读书得到的意思，从事情中悟出的道理，这些都是主旨。写作的时候，有关主旨的话才说，而且要说得正确，说得妥贴，说得没有遗漏；无关主旨的话却一句也不容多说，多说一句就是累赘，就是废话，就是全篇文字的一个疵点。这情形和当众讲话或演说倒有些相像；咱们站起来当众讲话或演说，也不能像平时一样杂七杂八的说，必须抓住一个主旨，让一切的话都集中在那主旨上头才行。有些人写作，写了一大堆，自己不知道说了些什么；拿给别人看，别人也不知道他说了些什么。这就是忘记了写作必然有个主旨的毛病。主旨是很容易认定的，只要问自己为什么要写作这篇文字，那答案便是主旨。认定了主旨，还得自始至终不放松它；写一段，要说得出这一段与主旨有什么关系；写一句，要说得出这一句对主旨有什么作用。要做到这地步，最好先开列一个纲要，第一段是什么，第二段是什么，然后动手写第一段的第一句。这个办法，现在有许多国文教师教学生照做了。其实无论哪一个写作，都得如此；即使不把纲要写在纸面上，也必须预先想定纲要，写在自己的心上。有些人提笔就写，写来很像个样子，好像是不假思索的天才；实则也不是什么天才，他们只因太纯熟了，预先想定纲要的阶段仅需一会儿工夫，而且准不会有错儿，从外表看，便好像是不假思索了。

一段文字由许多句子合成，句有句式；一句句子由许多词儿合成，词有词义。句式要用得妥贴，词儿要用得得当，全在平时说话和阅读仔细留心。留心的结果，熟悉了某种句式某个词儿用在什么场合才合式，写作的时候就拿来应用，那准不会有错儿。消极的办法，凡是不熟悉的句式和词儿，绝对不要乱用。一些所谓不通的文字，就是从不懂得这个消极办法而来的。不熟悉，用错了，那就不通了。如果在写下去的时候，先问问自己：这个句式这个词儿该是怎么用法？用在这里合式不合式？待解答清楚了再写，不通的地方即使还有，也不会太多了。一篇文字不能必须求其有特别长处，但必须求其没有不通之处；因为特别长处往往由于咱们的经验和意志有长处，这是平时的积聚，不能临时强求；而不通之处却是写作当时可以避免的，可以避免而不避免，就应用上说，便是不得其用，就态度上说，便是太不认真。

关于写作的话还有很多，这一次说得太长了，余下的留到以后再谈。

1941 年 9 月 18 日作，署名叶圣陶。
刊《中学生战时半月刊》50 期（次年 2 月 20 日）。
载《叶圣陶集》13 卷，80～92 页。

写作须知与写作举要

——《中学国文学习法》(节选)

背景提示

叶圣陶日记：

十五日(星期六)　今日作“中志”(《中学生》杂志)卷头言一篇，言此志之宗旨与态度。此志至下一月，出满两百期，故须作一番回顾。文长二千言，下午作毕，疲惫至极。

原文分为六部分，分别为“认定目标”“靠自己的力阅读”“阅读举要”“写作须知”“写作举要”“写字”。本篇节选了“认定目标”“写作须知”“写作举要”三部分。

叶老一直重视语文课程的目标，此文中用非常简短的文字，把培养阅读能力和写作能力看作语文课程的目标。叶老认为，写作时心中有读者，再做些文字上的功夫，就会把文章写好，归纳起来为两点：一是态度，二是方法。

【原文节选】

认定目标

学习国文该认定两个目标：培养阅读能力，培养写作能力。培养能力的事必须继续不断地做去，又必须随时改善学习方法，提高学习效率，才会成功。所以学习国文必须多多阅读，多多写作，并且随时要求阅读得精审，写作得适当。

在课内，阅读的是国文教本。那用意是让学生在阅读教本的当儿，培养阅读能力。凭了这一份能力，应该再阅读其他的书，以及报纸杂志等等。这才可以使阅读能力越来越强。并且，要阅读什么就能阅读什么，才是真正的受用。

在课内，写作的是老师命题作文。那用意是让学生在按题作文的当儿，培养写作能力。凭了这一份能力，应该随时动笔，写日记，写信，写笔记，写自己的种种想要写的。这才可以使写作能力越来越强。并且，要写作什么就能写作什么，才是真正的受用。

就一个高中毕业生说，阅读能力和写作能力应该达到如下的程度：

阅读方面——（一）能读日报和各种并非专门性质的杂志；（二）能看适于中学程度的各科参考书；（三）能读国人创作的以及翻译过来的各体文艺作品的一部分；（四）能读如教本里所选的欧阳修、苏轼、归有光等人所作散文那样的文言；（五）能适应需要，自己查看如《论语》《孟子》《史记》《通鉴》一类的书；（六）能查看《国语辞典》《辞源》《辞海》一类的工具书。这里所说的“能”表示了解得到家，体会得透彻，至少要不发生错误。眼睛在纸面上跑一回马，心里不起什么作用，那是算不得“能”的。

写作方面——（一）能作十分钟的演说；（二）能写合情合理合式的书信；（三）能把自己的所见所闻所思所感记下来；（四）能写类似现社会中通用的文言信那样的文言。这里所说的“能”指表达得正确明白而言，至少也得没有语法上论理上的错误。就演说和书信说，还得没有礼貌上的错误。为什么把演说也列在写作方面？因为演说和写作是同一源头的两条水流，演说是用口的写作，写作是用笔的演说。

以上虽只是个人的意见，我自以为很切实际。一个高中毕业生能够如此，国文程度也就可以了，自己也很够受用了。至于阅读不急需的古书如《尚书》《左传》《老子》《庄子》，写作不切用的体裁如骈文古文旧体诗，各人有各人的自由，旁人自然不便说他不对。可是就时代观点和教育立场说，这些都是不必叫中学生操心思花工夫的。还有文艺创作，能够着手固然好，不能够也无须强求，因为这不是人人都近情的。

写作须知

写作必须把它看成一件寻常事，好比说话一样。但是又必须把它看成一件认真事，好比说话一样。

写作决不是无中生有。必须有了意思才动手写作，有了需要才动手写作。没意思，没需要，硬找些话写出来，这会养成不良的写作习惯，而且影响到思想方面。

写作和说话虽说同样是发表，可也有不同处。写作一定有个中心，写一张最简单的便条，写一篇千万字的论文，同样的有个中心，不像随便谈话那样可以东拉西扯，前后无照应。写作又得比说话正确些，齐整些，干净些。说话固然也不宜错误拖沓，可是听的人就在对面，不明白可以当面问，不心服可以当面驳，嫌罗嗦也可以说别太罗嗦了。写了下来，看的人可不在对面，如果其中有不周到不妥贴处，就将使他人不明白，不心服，不愉快，岂不违反了写作的本意？所以写作得比说话正确些，齐整些，干净些。

写作的中心问自己就知道。写一张便条，只要问为什么写这张便条，那答案就是中心；写一篇论文，只要问我的主要意思是什么，那答案就是中心。

所有材料（就是要说的事物或意思）该向中心集中，用得着的毫无遗漏，用不着的淘汰净尽。当然，用得着用不着只能以自己的知识能力为标准。按标准把材料审查一下总比不审查好，不审查往往会发生遗漏了什么或多余了什么的毛病。

还有一点，写作不仅是拿起笔来写在纸上那一段时间内的事情。如前面所说，意思的发生，需要的提出，都在动笔之前。认定中心，审查材料，也在动笔之前。提起笔来写在纸上，不过完成这工作的一段步骤罢了。有些人认为写作的工作在提起笔来的时候才开始，这显然是错误的。如果如此，写作就成为一种无需要，无目的，可做可不做的事了。

写作完毕之后，或需修改，或不需修改。不改，是自以为一切都写对了，没有什么遗憾了。至于修改，通常说由于自己觉得文字不好。说得确切一点，该是由于自己觉得还没有写透那意思，适合那需要。于是再来想一通，把材料增减一些，调动一些，把语句增减一些，变换一些，这就是修改。

练习写作，如果是课内作文，也得像前面所说的办。题目虽然是老师临时出的，可是学生写的意思要是平时有的，所需的材料又要是找得到的，不然就是无中生有的勾当了。（老师若出些超出学生能力范围的题目，学生只好交白卷，但是不必闹风潮。）练习是练习有意思有材料就写，而且写得像样，不是练习无中生有。

无论应用的或练习的写作，以写得像样为目标。记事物记清楚了，说道理说明白了；没有语法上的毛病了；没有论理上的毛病了；这就是像样。至于写得好，那是可遇而不可求的。经验积聚得多，情感蕴蓄得深，思想钻研得精，才可以写成好文章。换句话说，好文章是深度生活的产品，生活的深度不够，是勉强不来的。希求生活渐进于深度，虽也是人生当然之事，可是超出了国文学习的范围了。

要写得像样，除了审查材料以外，并得在语言文字上用心，这才可以表达出那选定的材料，不至于走样。所谓在语言文字上用心，实际也是极容易的事，试列举若干项。

（一）所用的词要熟习的，懂得他的意义和用法的。似懂非懂的词宁可不用，换一个熟习的来用。

（二）就一句句子说，那说法要通行的，也就是人家会这么说，常常这么说的。一句话固然可以有几样说法，作者有自由挑选那最相宜的使用，可是决不能独造一种教人家莫名其妙的说法。

（三）就一节一段说，前后要连贯，第二句接得上第一句，第三句接得上第二句。必须注意连词的运用，语气的承接，观点的转换不转换。一个“所以”一个“然而”都不可随便乱用。陈述，判断，反诘，疑问等的语气都不可有一点儿含胡。观点如须转换，不可不特别点明。

（四）如果用比喻，要问所用的比喻是否恰当明白。用不好的比喻还不如不用比喻。

（五）如果说些夸张话，要问那夸张话是否必要。不必要的夸张不只是语言文字上的毛病，也是思想上修养上的毛病。

（六）不要用一些套语滥调如“时代的巨轮”“紧张的心弦”之类。这些词语第一个人用来见得新鲜，大家都用就只有讨厌。

（七）运用成语以不改原样为原则，如“削足适履”不宜作“削足凑鞋”，“怒发冲冠”不宜作“怒发把帽子都顶起来了”。

（八）用标点符号必须要审慎。宜多用句号，把一句句话交代清楚。宜少用感叹号，如“以为很好”“他怕极了”都不是感叹语气，用不着感叹号。用问号也得想一想。询问和反诘的语气才用问号，并不是含有疑问词的语句都要用问号。如“他不知道该怎么做”“我问他老张哪一天到的”都不是问句，用不着问号。

写作举要

练习写作，最好从记叙文入手。记叙文的材料是现成的，作者只须加上安排取舍的工夫，容易着手。

议论文也不是不必练习，但是所说的道理或意见必须明白透澈，最忌把不甚了了的道理或意见乱说一阵。因此，练习议论文该从切近自身的话题入手，如学习心得和见闻随感之类。

应用文如书信，如读书报告，往往兼包记叙和议论。写作这类东西，一方面固然应用，一方面也是练习。所以也得认真地写，多一回认真的练习，就多一分长进。

以下略说写作各类东西的大要。

（一）记物的文字须把那东西的要点记明。譬如记一幅图画，画的什么就是要点，必须记明。也许画面上东西很多，而以某一件东西为主，这某一件东西必须说明。

（二）叙事的文字须把那事件的始末和经过叙明。譬如叙一个文艺晚会，晚会的用意和开会的过程必须叙明。也许会中节目很多，几个重要的节目必须详叙，其余节目只说几句简单的话带过。

（三）书信须把自己要向对方说的话说清楚。不清楚，失了写信的作用，重复罗嗦，容易混淆对方的心思，都不能算写得适当。书信又须注意程式。程式不是客套，程式之中实在包含着情分和礼貌。不注意程式，在情分上礼貌上若有欠缺，就将使对方不快，这也违反写信的初意。

（四）日记最好能够天天写，对修养有好处，对写作也有好处。刻板式的日记比较没有意义。一天里头总有些比较新鲜的知识见闻和想头，就把那些记下来。

（五）读书笔记不只是把老师写在黑板上的注解表格等等抄上去，也不只是把一些书本上的美妙紧要的文句抄上去。除了这些，还有应该记的，如：翻了几种书，就可以把参照比较的结果记录下来。读了一篇文章一部书，自己有些想头，或属怀疑，或属阐发，或属欣赏，都可以记录下来。

（六）给壁报揭载的或投寄报纸杂志的文章与其他文章一样，也应该以写自己熟知的了解的东西为主。可是有点不同，这类文章是特地写给他人看的，写的时候，心目中就须顾到读者。既然顾到读者，人人知道的事物和道理就不必写。至于自己还没有弄清楚的大问题大道理，那非但不必写，简直不容写，写出来就是欺人，欺人是最要不得的。

1948年5月，《中学生》月刊为纪念总200期出版，编辑增刊《中学生手册》。手册中《中学各科学习法》栏之《国文》篇，由叶圣陶撰写并署名。

载《叶圣陶集》13卷，121～134页。

谈文章的修改

背景提示

这篇文章虽然较短，但是阐述了一个人人都需要知道的道理：修改文章就是修改思想。思想、语言、文字三者是紧密相关的，只有想清楚才能说明白，只有想清楚才能写出来。这在写作的方法上而言，告诉我们写作不仅仅是把字写在纸上那么简单，还需要有思想作为支撑，同时要有修改思想的气度和力度，才能写出好文章。

【原文】

有人说，写文章只该顺其自然，不要在一字一语的小节上太多留意。只要通体看来没有错，即使带着些小毛病也没关系。如果留意了那些小节，医治了那些小毛病，那就像个规矩人似的，四平八稳，无可非议，然而也只成个规矩人，缺乏活力，少有生气。文章的活力和生气全仗信笔挥洒，没有拘忌，才能表现出来。你下笔多所拘忌，就把这些东西赶得一干二净了。

这个话当然有道理，可是不能一概而论。至少学习写作的人不该把这个话作为根据，因而纵容自己，下笔任它马马虎虎。

写文章就是说话，也就是想心思。思想，语言，文字，三样其实是一样。若说写文章不妨马虎，那就等于说想心思不妨马虎，想心思怎么马虎得？养成了习惯，随时随地都马虎地想，非但自己吃亏，甚至影响到社会，把种种事情弄糟。向来看重"修辞立其诚"，目的不在乎写成什么好文章，却在乎绝不马虎地想。想得认真，是一层。运用相当的语言文字，把那想得认真的心思表达出来，又是一层。两层功夫合起来，就叫做“修辞立其诚”。

学习写作的人应该记住，学习写作不单是在空白的稿纸上涂上一些字句，重要的还在乎学习思想。那些把小节小毛病看得无关紧要的人大概写文章已经有了把握，也就是说，想心思已经有了训练，偶尔疏忽一点，也不至于出什么大错。学习写作的人可不能与他们相比。正在学习思想，怎么能稍有疏忽？把那思想表达出来，正靠着一个字都不乱用，一句话都不乱说，怎么能不留意一字一语的小节？一字一语的错误就表示你的思想没有想好，或者虽然想好了，可是偷懒，没有找着那相当的语言文字：这样说来，其实也不能称为“小节”。说毛病也一样，毛病就是毛病，语言文字上的毛病就是思想上的毛病，无所谓“小毛病”。

修改文章不是什么雕虫小技，其实就是修改思想，要它想得更正确，更完美。想对了，写对了，才可以一字不易。光是个一字不易，那不值得夸耀。翻开手头一本杂志，看见这样的话：“上海的住旅馆确是一件很困难的事，廉价的房间更难找到，高贵的比较容易，我们不敢问津的。”什么叫做“上海的住旅馆”？就字面看，表明住旅馆这件事属于上海。可是上海是一处地方，决不会有住旅馆的事，住旅馆的原来是人。从此可见这个话不是想错就是写错。如果这样想：“在上海，住旅馆确是一件很困难的事，”那就想对了。把想对的照样写下来：“在上海，住旅馆确是一件很困难的事，”那就写对了。不要说加上个“在”字去掉个“的”字没有多大关系，只凭一个字的增减，就把错的改成对的了。推广开来，几句几行甚至整篇的修改也无非要把错的改成对的，或者把差一些的改得更正确，更完美。这样的修改，除了不相信“修辞立其诚”的人，谁还肯放过？

思想不能空无依傍，思想依傍语言。思想是脑子里在说话——说那不出声的话，如果说出来，就是语言，如果写出来，就是文字。

朦胧的思想是零零碎碎不成片段的语言，清明的思想是有条有理组织完密的语言。常有人说，心中有个很好的思想，只是说不出来，写不出来。又有人说，起初觉得那思想很好，待说了出来，写了出来，却变了样儿，完全不是那回事儿了。其实他们所谓很好的思想还只是朦胧的思想，就语言方面说，还只是零零碎碎不成片段的语言，怎么说得出来，写得出来？勉强说了写了，又怎么能使自己满意？那些说出来写出来有条有理组织完密的文章，原来在脑子里已经是有条有理组织完密的语言——也就是清明的思想了。说他说得好写得好，不如说他想得好尤其贴切。

因为思想依傍语言，一个人的语言习惯不能不求其好。坏的语言习惯会牵累了思想，同时牵累了说出来的语言，写出来的文字。举个最浅显的例子。有些人把“的时候”用在一切提冒的场合，如谈到物价，就说“物价的时候，目前恐怕难以平抑”，谈到马歇尔，就说“马歇尔的时候，他未必真个能成功吧”。试问这成什么思想，什么语言，什么文字？那毛病就在于沾染了坏的语言习惯，滥用了“的时候”三字。语言习惯好，思想就有了好的依傍，好到极点，写出来的文字就可以一字不易。我们普通人难免有些坏的语言习惯，只是不自觉察，在文章中带了出来。修改的时候加一番检查，如有发现就可以改掉。这又是主张修改的一个理由。

1946 年 4 月 7 日作。

刊《中学生》总 175 期，署名圣陶。

载《叶圣陶集》15 卷，116～118 页。

拿起笔来之前

背景提示

叶圣陶日记：

十三日（星期三） 上午看文件，与同人谈事，看王泗原所选速成中学语文教材。午睡起来，开始为《中国青年》写稿，谈作文方面之事。彼方来接洽已两月，时时打电话来催，如负夙债，非了不可。然未能一气写下，得三百言而止。

十五日（星期五） 饭后入睡，三点始醒。续作昨文。傍晚至文化俱乐部，宴请画家数人，希望他们为我之助，于教科书之绘图工作尽力。到者有王朝闻、王式廓、邵宇、古元诸君，皆今日美术界优秀人才。宴饮至九时散。

廿四日（星期日） 晨偕夙祥至北海公园，茗于五龙亭之中间一亭，即执笔续作《中国青年》之一文。约两小时完篇，立题曰《拿起笔来之前》。

这篇文章谈到了写作前的准备：精密观察、推理有条理、养成正确的语言习惯。一切的社会实践都是写作的准备，也就是说写作的素材可以来自社会实践中的任何一件事。养成正确的语言习惯对写作来说是最重要的，我们写作，不仅要符合语言规律，还要有正确使用语汇和语法的能力，本文举了很多例子来说明这一点。总而言之，生活是内核，语言表达能力是外壳，二者紧密结合，缺一不可。

【原文】

写文章这件事，可以说难，也可以说不难。并不是游移不决说两面话，实情是这样。

难不难决定在动笔以前的准备工夫怎么样。准备工夫够了，要写就写，自然合拍，无所谓难。准备工夫一点儿也没有，或者有一点儿，可是太不到家了，拿起笔来样样都得从头做起，那当然很难了。

现在就说说准备工夫。

在实际生活里养成精密观察跟仔细认识的习惯，是一种准备工夫。不为写文章，这样的习惯本来也得养成。如果养成了，对于写文章太有用处了。你想，咱们常常写些记叙文章，讲到某些东西，叙述某些事情，不是全都依靠观察跟认识吗？人家说咱们的记叙文章写得好，又正确又周到。推究到根柢，不是因为观察跟认识好才写得好吗？

在实际生活里养成推理下判断都有条有理的习惯，又是一种准备工夫。不为写文章，这样的习惯本来也得养成。如果养成了，对于写文章太有用处了。你想，咱们常常写些论说文章，阐明某些道理，表示某些主张，不是全都依靠推理下判断吗？人家说咱们的论说文章写得好，好像一张算草，一个式子一个式子等下去，不由人不信服。推究到根柢，不是因为推理下判断好才写得好吗？

推广开来说，所有社会实践全都是写文章的准备工夫。为了写文章才有种种的社会实践，那当然是不通的说法。可是，没有社会实践，有什么可以写的呢？

还有一种准备工夫必得说一说，就是养成正确的语言习惯。语言本来应该求正确，并非为了写文章才求正确，不为写文章就可以不正确。而语言跟文章的关系又是非常密切的，即使说成“二而一”，大概也不算夸张。语言是有声无形的文章，文章是有形无声的语言：这样的看法不是大家可以同意吗？既然是这样，语言习惯正确了，写出来的文章必然错不到哪儿去；语言习惯不良，就凭那样的习惯来写文章，文章必然好不了。

什么叫做正确的语言习惯？可以这样说：说出来的正是想要说的，不走样，不违背语言的规律。做到这个地步，语言习惯就差不离了。所谓不走样，就是语言刚好跟心思一致。想心思本来非凭借语言不可，心思想停当了，同时语言也说妥当了，这就是一致。所谓不违背语言的规律，就是一切按照约定俗成的办。语言好比通货，通货不能各人发各人的，必须是大家公认的通货才有价值。以上这两层意思虽然分开说，实际上可是一贯的。想心思凭借的语言必然是约定俗成的语言，决不能是“只此一家”的语言。把心思说出来，必得用约定俗成的语言才能叫人家明白。就怕在学习语言的时候不大认真，自以为这样说合上了约定俗成的说法，不知道必须说成那样才合得上；往后又不加检查，一直误下去，得不到纠正。在这种情形之下，语言不一定跟心思一致了；还不免多少违背了语言的规律。这就叫做语言习惯不良。

从上一段话里，可以知道语言的规律不是什么深奥奇妙的东西；原来就是约定俗成的那些个说法，人人熟习，天天应用。一般人并不把什么语言的规律放在心上，他们只是随时运用语言，说出去人家听得明白，依据语言写文章，拿出去人家看得明白。所谓语言的规律，他们不知不觉地熟习了。不过，不知不觉的熟习不能保证一定可靠，有时候难免出错误。必须知其然又知其所以然，把握住规律，才可以巩固那些可靠的，纠正那些错误的，永远保持正确的语言习惯。学生要学语言规律的功课，不上学的人最好也学一点，就是这个道理。

现在来说说学一点语言的规律。不妨说得随便些，就说该怎样在这上头注点儿意吧。该注点儿意的有两个方面，一是语汇，二是语法。

人、手、吃、喝、轻、重、快、慢、虽然、但是、这样、那样……全都是语汇。语汇，在心里是意念的单位，在语言里是构成语句的单位。对于语汇，最要紧的自然是了解它的意义。一个语汇的意义，孤立地了解，不如从运用那个语汇的许多例句中去了解来得明确。如果能取近似的语汇来作比较，就更好。譬如“观察”跟“视察”，“效法”跟“效尤”，意义好像差不多；收集许多例句在手边（不一定要记录在纸上，想一想平时自己怎样说的，人家怎样说的，书上怎样写的，也是收集），分别归拢来看，那就不但了解每一个语汇的意义，连各个语汇运用的限度也清楚了。其次，应该清楚地了解两个语汇彼此能不能关联。这当然得就意义上看。由于意义的限制，某些语汇可以跟某些语汇关联，可是决不能跟另外的某些语汇关联。譬如“苹果”可以跟“吃”“采”“削”关联，可是跟“喝”“穿”“戴”无论如何联不起来，那是小孩也知道的。但是跟“目标”联得起来的语汇是“做到”还是“达到”，还是两个都成或者两个都不成，就连成人也不免踌躇。尤其在结构繁复的句子里，两个相关的语汇隔得相当远，照顾容易疏忽。那必须掌握语句的脉络，熟习语汇跟语汇意义上的搭配，才可以不出岔子。再其次，下一句话跟上一句话连接起来，当然全凭意义，有时候需用专司连接的语汇，有时候不需用。对于那些专司连接的语汇，得个个咬实，绝不乱用。提出假设，才来个“如果”。意义转折，才来个“可是”或者“然而”。准备说原因了，才来个“因为”。准备作结语了，才来个“所以”。还有，说“固然”，该怎样照应，说“不但”，该怎样配搭，诸如此类，都得明白。不能说那些个语汇经常用，用惯了，有什么稀罕；要知道唯有把握住规律，才能保证用一百次就一百次不错。

咱们说“吃饭”“喝水”，不能说“饭吃”“水喝”。意思是我佩服你，就得说“我佩服你”，不能说“你佩服我”；意思是你相信他，就得说“你相信他”，不能说“他相信你”。“吃饭”“喝水”合乎咱们语言的习惯；“我佩服你”“你相信他”，主宾分明，合乎咱们的本意：这就叫做合乎语法。语法是语句构造的方法。那方法不是由谁规定的，也无非是个约定俗成。对于语法要注点儿意，先得养成剖析句子的习惯。说一句话，必然有个对象，或者说“我”，或者说“北京”，或者说“中华人民共和国”，如果什么对象也没有，话也不用说了。对象以明白说出来的居多；有时因为前面已经说过，或者因为人家能够理会，就略去不说。无论说出来不说出来，要剖析，就必须认清楚说及的对象是什么。单说个对象还不成一句话，还必须对那个对象说些什么。说些什么，那当然千差万别，可是归纳起来只有两类。一类是说那对象怎样，可以举“中华人民共和国成立了”作例子，“成立了”就是说“中华人民共和国”怎样。又一类是说那对象是什么，可以举“北京是中华人民共和国的首都”作例子，“是中华人民共和国的首都”就是说“北京”是什么。在这两个例子中，哪个是对象的部分，哪个是怎样或者是什么的部分容易剖析，好像值不得说似的。但是咱们说话并不老说这么简单的句子，咱们还要说些个繁复的句子。就算是简单的句子吧，有时为了需要，对象的部分，怎样或者是什么的部分，也得说上许多东西才成，如果剖析不来，自己说就说不清楚，听人家说就听不清楚。譬如“以美国为首的帝国主义者侵略朝鲜的行动正在严重地威胁着中国的安全”这句话，咱们必须能够加以剖析，知道这句话说及的对象是“行动”，“行动”以上，全是说明“行动”的非要不可的东西。这个“行动”怎样呢？这个“行动”“威胁着中国的安全”；“正在”说明“威胁”的时间，“严重地”说明“威胁”的程度，也是非要不可的。至于繁复的句子，好像一个用许多套括弧的算式。你必须明白那个算题的全部意义，才写得出那样的一个算式；你必须按照那许多套括弧的关系，才算得出正确的答数。由于排版不方便，这儿不举什么例句，给加上许多套括弧，写成算式的模样了；只希望读者从算式的比喻，理会到剖析繁复的句子十分重要。能够剖析句子，必须连带地知道其他一些道理。譬如，说及的对象一般在句子的前头，可是不一定在前头：这就是一个道理。在“昨晚上我去看老张”这句话里，说及的对象是“我”不是“昨晚上”，在前的“昨晚上”说明“去看”的时间。繁复的句子里往往包含几个分句，除开轻重均等的以外，重点都在后头：这又是一个道理。像“读书人家的子弟熟悉笔墨，木匠的儿子会玩斧凿，兵家儿早识刀枪”这句话，是三项均等的，无所谓轻重。像“我们不但善于破坏一个旧世界，我们还将善于建设一个新世界。”“宁可将可作小说的材料缩成速写，决不将速写材料拉成小说。”“如果我们不学习群众的语言，我们就不能领导群众。”“我们有很多同志，虽然天天处在农村中，甚至自以为了解农村，但是他们并没有了解农村。”“即使人家不批评我们，我们也应该自己检讨。”（以上六句例句是从吕叔湘朱德熙两位先生的《语法修辞讲话》里抄来的，见六月二十日的《人民日报》。）这几句话的重点都在后头，说前头的，就为加强后头的分量。如果径把重点说出，原来在前头的就不用说了。已经说了“我们将善于建设一个新世界”，底下还用说“我们善于破坏一个旧世界”吗？要说也连不上了。知道了以上那些道理，对于说话听话，对于写文章看文章，都是很有用处的。

开头说准备工夫，说到养成正确的语言习惯就说了这么一大串。往下文章快要结束了，回到准备工夫上去再说几句。

以上说的那些准备工夫全都是属于养成习惯的。习惯总得一点一点地养成。临时来一下，过后就扔了，那养不成习惯，而且临时来一下必然不能到家。平时心粗气浮，对于外界的事物见如不见，闻如不闻，也就说不清所见所闻是什么。有一天忽然为了要写文章，才有意去精密观察一下，仔细认识一下，这样的观察和认识，成就必然有限，必然比不上平时能够精密观察仔细认识的人。写成一篇观察得好认识得好的文章，那根源还在于平时有好习惯，习惯好，才能够把文章的材料处理好。

平时想心思没条没理，牛头不对马嘴的，临到拿起笔来，即使十分审慎，定计划，写大纲，能保证写成论据完足推阐明确的文章吗？

平时对于语汇认不清它的确切意义，对于语法拿不稳它的正确结构，平时说话全是含糊其词，似是而非，临到拿起笔来，即使竭尽平生之力，还不是跟平时说话半斤八两吗？

所以，要文章写得像个样儿，不该在拿起笔来的时候才问该怎么样，应该在拿起笔来之前多做准备工夫。准备工夫不仅是写作方面纯技术的准备，更重要的是实际生活的准备，不从这儿出发就没有根。急躁是不成的，秘诀是没有的。实际生活充实了，种种习惯养成了，写文章就会像活水那样自然地流了。

1951年6月24日作。

刊《中国青年》70期，署名叶圣陶。

载《叶圣陶集》15卷，128～134页。

和教师谈写作

背景提示

这篇文章中共有八篇短文，写于不同时间，基本是一周一篇，发表于当时的《教师报》。

和教师谈写作，是希望教师能够自己先具备写作的经验，然后去指导学生写作。这篇文章可以看作对前面几篇文章的总结，作者用不同的方式对前面所述的观点进行了论述。

【原文】

一、想清楚然后写

想清楚然后写，这是个好习惯。养成了这个好习惯，写出东西来，人家能充分了解我的意思，自己也满意。

谁都可以问一问自己，平时写东西是不是想清楚然后写的？要是回答说不，那么写不好东西的原因之一就在这里了（当然还有种种原因）。往后就得自己努力，养成这个好习惯。

不想就写，那是没有的事。没想清楚就写，却是常有的事。自以为想清楚了，其实没想清楚，也是常有的事。

没想清楚也能写，那时候情形怎么样呢？边写边想，边想边写。这样地想，本该是动笔以前的事，现在却就拿来写在纸上了。假如动笔以前这样地想，还得有所增删，有所调整，然后动笔，现在却已经成篇了。

这样写下来的东西，假如把它看做草稿，再加上增删和调整的工夫才算数，也未尝不可。事实上确也有些人肯把草稿看过一两遍，多少改动几处的。但是有两点很难避免。既然写下来了，这就是已成之局，而一般心理往往迁就已成之局，懒得作太大的改动，因此，专靠事后改动，很可能不及事先通盘考虑的好，这是一点。东西写成了，需要紧迫，得立刻拿出去，连稍微改动一下也等不及，这是又一点。有这两点，东西虽然写成，可是自己看看也不满意，至于能不能叫人家充分了解我的意思，那就更难说了。

这样说来，自然应该事先通盘考虑，就是说，应该想清楚然后写。

什么叫想清楚呢？为什么要写，该怎样写，哪些必要写，哪些用不着写，哪些写在前，哪些写在后，是不是还有什么缺漏，从读者方面着想是不是够明白了……诸如此类的问题都有了确切的解答，这才叫想清楚。

要写东西，诸如此类的问题都是非解答不可的。与其在写下草稿之后解答，不如在动笔以前解答。“凡事豫则立”，不是吗？

想清楚其实并不难，只要抓住关键，那就是为什么要写。如果写信，为什么要写这封信？如果写报告，为什么要写这篇报告？如果写总结，为什么要写这篇总结？此外可以类推。

如果不为什么，干脆不用写。既然有写的必要，就不会不知道为什么。这个为什么好比是个根，抓住这个根想开来，不以有点儿朦胧的印象为满足，前边提到的那些问题都可以得到解答。这样地想，是思想方法上的过程，也是写作方法上的过程。写作方法跟思想方法原来是二而一的。

怕的是以有点儿朦胧的印象为满足。前边说的自以为想清楚了，其实没有想清楚，就指这种情形。

教学生练习作文，要他们先写提纲，就是要他们想清楚后写，不要随便一想就算，以有点儿朦胧的印象为满足。先写提纲的习惯养成了，一辈子受用不尽，而且受用不仅在写作方面。我们自己写东西，当然也要先想清楚，写下提纲，然后按照提纲顺次地写。提纲即使不写在纸上，也得先写在心头，那就是所谓腹稿。叫腹稿，岂不是已经成篇，不再是什么提纲了吗？不错，详细的提纲就跟成篇的东西相差不远。提纲越详细，也就是想得越清楚，写成整篇越容易，只要把扼要的一句化为充畅的几句，在需要接榫的地方适当地接上榫头就是了。

这样写下来的东西，还不能说保证可靠，得仔细看几遍，加上斟酌推敲的功夫。但是，由于已成之局的“局”基础好，大体上总不会错到哪里去。如果需要改动，也是把它改得更好些，更妥当些，而不是原稿简直要不得。

这样写下来的东西，基本上达到了要写这篇东西的目的，作者自己总不会感到太不满意。人家看了这样写下来的东西，也会了解得一清二楚，不发生误会，不觉得含糊。

想清楚然后写，朋友们如果没有这个习惯，不妨试一试，看效果怎样。

1958 年 4 月 11 日作。

刊 14 日《教师报》，署名叶圣陶。

二、修改是怎么一回事

写完了一篇东西，看几遍，修改修改，然后算数，这是好习惯。工作认真的人，写东西写得比较好的人，大都有这种好习惯。语文老师训练学生作文，也要在这一点上注意，教学生在实践中养成这种好习惯。

修改究竟是怎么一回事呢？

从表面看，自然是检查写下来的文字，看有没有不妥当的地方，如果有，就把它改妥当。但是文字是语言的记录，语言妥当，文字不会不妥当，因此，需要检查的，其实是语言。

怎样的语言才妥当，怎样的语言就不妥当呢？这要看有没有充分地确切地表达出所要表达的意思（也可以叫思想），表达得又充分又确切了，就是妥当，否则就是不妥当，需要修改。这样寻根究底地一想，就可见需要检查的，其实是意思；检查过后，认为不妥当需要修改的，其实是意思。

这本来是自然的道理，可是很有些人不领会。常听见有人说："这篇东西基本上不错，文字上还得好好修改。"好像文字和意思是两回事，竟可以修改文字而不变更意思似的。实际上哪有这样的事？凡是修改，都由于意思需要修改，一经修改就变更了原来的意思。

譬如原稿上几层意思是这样排列的，检查过后，发觉这样排列不妥当，须得调动一下，作那样的排列，这不是变更了原来的意思的安排吗？

譬如原稿上有这一层意思，没有那一层意思，检查过后，发觉这一层意思用不着，应该删去，那一层意思非有不可，必须补上，这不是增减了原来的意思的内容吗？增减内容就是增减意思。

譬如原稿上用的这个词，这样的句式，这样的接榫，检查过后，发觉这个词不贴切，应该用那个词，这样的句式和这样的接榫不顺当，应该改成那样的句式和那样的接榫，这不是变更了原来的词句吗？词句需要变更，不为别的，只为意思需要变更。前边说的不贴切和不顺当，都是指意思说的。你觉得"发动"这个词不好，要改"推动"，你觉得某地方要加个"的"字，某地方要去个"了"字，那是根据意思决定的。

说到这儿，似乎可以得到这样的理解：修改必然会变更原来的意思，不过变更有大小不同；大的变更关涉到全局，小的变更仅限于枝节，也就是一词一句。修改是就原稿再仔细考虑。全局和枝节全都考虑到，目的在尽可能做到充分地确切地表达出所要表达的意思。实际情形不是这样吗？

这样的理解很关重要。有了这样的理解，对修改就不肯草率从事。把这样的理解贯彻在实践中，才能养成修改的好习惯。

1958年4月7日作。

刊18日《教师报》，署名叶圣陶。

三、把稿子念几遍

写完一篇东西，念几遍，对修改大有好处。

报社杂志社往往接到一些投稿，附有作者的信，信里说稿子写完之后没心思再看，现在寄给编辑同志，请编辑同志给看一看，改一改吧。我要老实不客气地说，这样的态度是要不得的。写完之后没心思再看，这表示对稿子不负责任。请编辑同志给看一看，改一改，这表示把责任推到编辑同志身上，编辑同志为什么非代你担负这个责任不可呢？

我们应该有个共同的理解，修改肯定是作者份内的事。

有人说，修改似乎没有止境，改了一遍两遍，还可以改第三遍第四遍，究竟改到怎样才算完事呢？我想，改到自己认为无可再改，那就算尽了责任了。也许水平高的人看了还可以再改，但是我没有他那样的水平，一时要达到他的水平是勉强不来的。

修改稿子不要光是"看"，要"念"，就是把全篇稿子放到口头说说看。也可以不出声念，只在心中默默地说。一路念下去，疏忽的地方自然会发现。下一句跟上一句不接气啊，后一段跟前一段连得不紧密啊，词跟词的配合照应不对头啊，句子的成分多点儿或者少点儿啊，诸如此类的毛病都可以发现。同时也很容易发现该怎样说才接气，才紧密，才对头，才不多不少，而这些发现正就是修改的办法。

曾经问过好些人，有没有把稿子念几遍的习惯，有没有依据念的结果修改稿子的习惯。有人说有，有人说没有。我就劝没有这种习惯的人不妨试试看。他们试了，其中有些人后来对我说，这个方法有效验，不管出声不出声，念下去觉得不顺当，顿住了，那就是需要修改的地方，再念几遍，修改的办法也就来了。

这是很容易理解的。念下去顺当，就因为语言流畅妥贴，而语言流畅妥贴，也就是意思的流畅妥贴。反过去，念下去不顺当，必然是语言有这样那样的疙瘩，而语言的任何疙瘩，也就是思想上的疙瘩。写东西表达意思，本来跟说一番话情形相同，所不同的仅仅在于说话用嘴，写东西用笔。因此，用念的办法——也就是用说话的办法来检验写成的稿子，最为方便而且有效。

古来文章家爱谈文气，有种种说法，似乎很玄妙。依我想，所谓文气的最实际的意义无非念下去顺当，语言流畅妥贴。念不来的文章必然别扭，就无所谓文气。现在我们不谈文气，但是我们训练学生说话作文，特别注重语言的连贯性，个个词要顺当，句句话要顺当，由此做到通体顺当。这跟古人谈文气其实相仿。语言的连贯性怎样，放到口头去说，最容易辨别出来。修改的时候“念”稿子大有好处，理由就在这里。

1958年4月15日作。

刊25日《教师报》，署名叶圣陶。

四、平时的积累

写任何门类的东西，写得好不好，妥当不妥当，当然决定于构思、动笔、修改那一连串的功夫。但是再往根上想，就知道那一连串的功夫之前还有许多功夫，所起的决定作用更大。那许多功夫都是在平时做的，并不是为写东西作准备的，一到写东西的时候却成了极关重要的基础。基础结实，构思、动笔、修改总不至于太差，基础薄弱，构思、动笔、修改就没有着落，成绩怎样就难说了。

写一篇东西乃至一部大著作虽然是一段时间的事，但是大部分是平时积累的表现。平时的积累怎样，写作时候的努力怎样，两项相加，决定写成的东西怎样。

现在谈谈平时的积累。

举个例子，写东西需要谈到某些草木鸟兽的形态和生活，或者某些人物的状貌和习性，是依据平时的观察和认识来写呢，还是现买现卖，临时去观察和认识来写呢？回答大概是这样：多半依据平时的观察和认识，现买现卖的情形有时也有，但是光靠临时的观察和认识总不够。因为临时的观察认识不会怎么周到和真切。达到周到和真切要靠日积月累。日积月累并不为写东西，咱们本来就需要懂得某些草木鸟兽，熟悉某些人物的。而写东西需要谈到那些草木鸟兽那些人物，那日积月累的成绩就正好用上了。一般情形不是这样吗？

无论写什么东西，立场观点总得正确，思想方法总得对头。要不然，写下来的决不会是有意义的东西。正确的立场观点是从斗争实践中得来的。立场观点正确，思想方法就容易对头。这不是写东西那时候的事，而是整个生活里的事，是平时的事。平时不错，写东西错不到哪儿去，平时有问题，写东西不会没有问题。立场观点要正确，思想方法要对头，并不为写东西，咱们在社会主义社会里做公民本来应当这样。就写东西而言，唯有平时正确和对头，写东西才会正确和对头。平时正确和对头也就是平时的积累。

写东西就得运用语言。语言运用得好不好，在于得到的语言知识确切不确切，在于能不能把语言知识化为习惯，经常实践。譬如一个词或者一句成语吧，要确切地知道它的意义而不是望文生义，还要确切地知道它在哪样的场合才适用，在哪样的场合就不适用，知道了还要用过好些回，回回都得当，才算真正掌握了那个词或者那句成语。这一批词或者成语掌握了，还有其他的词或者成语没掌握。何况语言知识的范围很广，并不限于词或者成语方面。要在语言知识方面都有相当把握，显然不是一朝一夕的事，非日积月累不可。积累得多了，写东西才能运用自如。平时的积累并不是为了此时此刻要写某一篇东西，而是由于咱们随时要跟别人互通情意，语言这个工具本来就必须掌握好。此时此刻写某一篇东西，语言运用得得当，必然由于平时的积累好。

写东西靠平时的积累，不但著作家、文学家是这样，练习作文的小学生也是这样。小学生今天作某一篇文，其实就是综合地表现他今天以前的知识、思想、语言等等方面的积累。咱们不是著作家、文学家，也不是小学生，咱们为了种种需要，经常写些东西，情形当然也是这样。为要写东西而注意平时的积累，那是本末倒置。知识、思想、语言等等方面本来需要积累，不写东西也需要积累，但是所有的积累，还是写东西的极重要的基础。

1958年4月22日作。

刊5月6日《教师报》，署名叶圣陶。

五、写东西有所为

写东西，全都有所为。如果无所为，就不会有写东西这回事。

有所为有好的一面，有不好的一面。咱们自然该向好的一面努力，对于不好的一面，就得提高警惕，引以为戒。

譬如写总结，是有所为，为的是指出过去工作的经验教训和今后工作的正确途径，借此推进今后的工作，提高今后的工作。譬如写通讯报道，是有所为，为的是使广大群众知道各方面的实况，或者是思想战线方面的，或者是生产战线方面的，借此提高大家的觉悟，鼓励大家的干劲。譬如写文艺作品，诗歌也好，小说故事也好，戏剧曲艺也好，都是有所为，为的是通过形象把一切值得表现的人和事表现出来，不仅使人家知道而已，还能使人家受到感染，不知不觉中增添了前进的活力。要说下去还可以说许多。

就前边所举的来看，这些东西就是值得写的，所为的都是对社会主义革命社会主义建设有好处的。从前有些文章家号召“文非有益于世不作”。现在咱们也应该号召“文非有益于世不作”，当然，咱们的“益”和“世”跟前人说的不同。咱们写东西为的是有益于社会主义之世。

所为的对头了，跟上去的就是尽可能写好。还用前边所举的例子来说，写成的总结的确有推进工作提高工作的作用，写成的通讯报道的确把某方面的实况说得又扼要又透澈，写成的文艺作品的确有感染人的力量，就叫写好。有所为里头本来包含这个要求，就是写好。如果不用力写好，或者用了力而写不好，那就是徒然怀着有所为的愿望，结果却变成无所为了。

从前号召“文非有益于世不作”的文章家看不起两类文章，一类是八股文，一类是“谀墓之文”。这两类文章他们也作，但是他们始终表示看不起。作这两类文章，为的是什么呢？为要应科举考试，取得功名利禄，就必须作八股文。为要取得些润笔（就是稿费），或者要跟人家拉拢一下，就不免作些“谀墓之文”。

八股文什么样儿，比较年轻的朋友大概没见过。这儿也不必详细说明。八股文的题目有一定的范围，该怎样说也有一定的范围，写法有一定的程式。总之，要你像模像样说一番话，实际上可不要你说一句自己的真切的话。换句话说，就是要你像模像样说一番空话，说得好就可以考上，取得功名利禄。从前统治者利用八股文来笼络人，用心的坏在此，八股精神的要不得也在此。现在不写八股文了，可是有“党八股”，有“洋八股”，这并非指八股文的体裁而言，而是指八股精神而言。凡是空话连篇，不联系实际，不解决问题，虽然不是八股文而继承着八股精神的，就管它叫“八股”。

“谀墓之文”指墓志铭、墓碑、传记之类。一个人死了，子孙要他不朽，就请人作这类文章。作文章的人知道那批子孙的目的要求，又收下了润笔，或者还有种种社会关系，就把一个无聊透顶的人写成足为典范的正人君子。这类文章有个共同的特点，满纸是假话。假话不限于“谀墓之文”，总之假话是要不得的。

从前的文章家看不起八股文和“谀墓之文”，就是不赞成说空话假话，这是很值得赞许的。但是他们为了应试，为了润笔，还不免要写他们所看不起的文章，这样的有所为，为的无非“名利”二字，那就大可批评了。现在咱们写东西要有益于社会主义之世，咱们的有所为，为的唯此一点。如果自己检查，所为的还有其他，如“名利”之类，那就必须立即把它抛弃。唯有这样严格地要求自己，才能永远不说空话假话，写下来的东西才能多少有益于社会主义之世。

1958年5月5日作。

刊9日《教师报》，署名叶圣陶。

六、准确·鲜明·生动

写东西全都有所为，要把所为的列举出来，那是举不尽的。总的说来，所为的有两项，一项是有什么要通知别人，一项是有什么要影响别人。假如什么也没有，就不会有写东西这回事。假如有了什么而不想通知别人或者影响别人，也不会有写东西这回事。写日记和读书笔记跟别人无关，算是例外，不过也可以这样说，那是为了通知将来的自己。

通知别人，就是把我所知道的告诉别人，让别人也知道。影响别人，就是把我所相信的告诉别人，让别人受到感染，发生信心，引起行动。无论是要通知别人还是要影响别人，只要咱们肯定写些什么总要有益于社会主义之世，就可以推知所写的必须是真话、实话，不能是假话、空话。假话、空话对别人毫无好处，怎么可以拿来通知别人呢？假话、空话对别人发生坏影响，那更糟了，怎么可以给别人坏影响呢？这样想，自然会坚决地作出判断，非写真话、实话不可。

真话、实话不仅要求心里怎样想就怎样说，怎样写。譬如不切合实际的认识，不解决问题的论断，这样那样的糊涂思想，我心里的确是这样想的，就照样说出来或者写下来，这是真话、实话吗？不是。真话、实话还要求有个客观的标准，就是准确性。无论心里怎样想，必须所想的是具有准确性的，照样说出来或者写下来才是真话、实话。不准确，怎么会“真”和“实”呢？“真”和“实”是注定跟准确连在一起的。

立场和观点正确的，一步一步推断下来像算式那样的，切合事物的实际的，足以解决问题的，诸如此类的话就是具有准确性的，就是名实相符的真话、实话。

准确性这个标准极重要。发言吐语，著书立说，都需要用这个标准来衡量。具有准确性的话才是真话、实话，才值得拿来通知别人，才可以拿来影响别人。

除了必须具有准确性而外，还要努力做到所写的东西具有鲜明性和生动性。

鲜明性的反面是晦涩、含糊。生动的反面是呆板、滞钝。要求鲜明性和生动性，就是要求不晦涩，不含糊，不呆板，不滞钝。这好像只是修辞方面的事，其实跟思想认识有关联。总因为思想认识有欠深入处，欠透彻处，表达出来才会晦涩、含糊。总因为思想认识还不能像活水那样自然流动，表达出来才会呆板、滞钝。这样说来，鲜明性、生动性跟准确性分不开。所写的东西如果具有充分的准确性，也就具有鲜明性、生动性了。具有鲜明性、生动性，可是准确性很差，那样的情形是不能想象的。在准确性之外还要提出鲜明性和生动性，为的是给充分的准确性提供保证。

再就通知别人或者影响别人着想。如果写得晦涩、含糊，别人就不能完全了解我的意思，甚至会把我的意思了解错。如果写得呆板、滞钝，别人读下去只觉得厌倦，不发生兴趣，那就说不上受到感染，发生信心，引起行动。这就可见要达到通知别人或者影响别人的目的，鲜明性和生动性也是必不可少的。

1958 年 5 月 13 日作，原题《再从有所为谈起》。

刊 16 日《教师报》，署名叶圣陶。

七、写什么

许多教师都想动动笔，写些东西，这是非常好的事情，能经常写些东西，大有好处。

写东西是怎么一回事呢？无非把所见所闻所思所感想一想，想清楚了，构成个有条有理的形式，用书面语言固定下来。那些东西在脑子里的时候往往是朦胧的，不完整的。要是不准备把它写下来，朦胧地、不完整地想过一通也就算了，过些时也许就忘了。那些东西如果是无关紧要的，随便想过一通就算，也没有什么。如果是比较有意义的，对人家或者对自己有用处的，那就非常可惜，为什么不想一想，把它想清楚呢？即使不准备写下来，也可以多想几遍，构成个有条有理的形式，储藏在记忆里。写下来是个很有效的办法，叫你非想清楚不可。对于任何东西，不肯随便想过一通就算，非想清楚不可，这是大有价值的习惯，好处说不尽。因此，谁都应该通过经常写些东西的办法，养成这种习惯。

写什么呢？在今天，可写的东西太多了。几乎可以说，环绕着咱们的全是可写的东西，咱们所感知所领会所亲自参加的全是可写的东西。试想，思想解放，敢想敢做，领导和群众交互影响，精神面貌和实际工作的变化发展越来越快，不是值得写吗？各地普遍地兴修水利，改进耕种，创制工具，举办工业，情况各式各样，精神殊途同归，不是值得写吗？什么工程兴建了，什么矿厂投入生产了，什么地方发现丰富的矿藏了，什么地方找到极有用的野生植物了，不是值得写吗？教师最切近的是学校，就学校说，勤工俭学，教学改进，教师自己思想的不断改造，学生认识上和实践上的深刻变化，不是值得写吗？

这儿提到的这些已经不少了，可是值得写的还不止这些。那么，究竟选哪些题目来写好呢？简单地说，自问了解得比较确切的，感受得比较深刻的，就是适于写的题目。自问了解得不怎么确切，感受得不怎么深刻，虽然是值得写的题目也不要勉强写。这样选题目写东西，可以得到写东西的好处，像前边所说的，而且所写的东西多少总有益于社会主义之世，像前几篇短文里谈到的。

经常写些东西，语文教师更有必要。语文教师要给学生讲解课文，要指导学生练习作文，要批改学生的作文，这些工作全都涉及文章的思想内容和表达方式。做好这些工作，平时要深入学习教育的方针和政策，努力钻研教学的原理和方法。如果经常能用心写些东西，这些工作将会做得更好。自己动手写，最能体会到写文章的甘苦。自己的真切的体会跟语文教学结合起来，讲解就会更透彻，指导就会更恰当。常言道熟能生巧，经常写些东西，就是达到“熟”的一个重要法门。

1958年6月21日作。

刊27日《教师报》，署名叶圣陶。

八、挑能写的题目写

前一回我说值得写的题目很多，要挑了解得比较确切的，感受得比较深刻的来写。为什么这样说呢？

某个题目值得写是一回事，那个题目我能不能写又是一回事。譬如，创制新农具改良旧农具的事，目前正像风起云涌，这当然是个值得写的题目。我能不能写呢？那要看我了解得怎样。如果我了解一两种农具创制或改良的实际情形，或者了解创制或改良的一般倾向和所得效益，就能写。如果都不甚了了，就不能写。又如，参加修建十三陵水库的义务劳动，这当然是个值得写的题目。我能不能写呢？那要看我感受得怎样。如果我从集体劳动中确有体会，或者从工地上的某个场面受到深切的感动，就能写。如果没有什么体会，也并不怎样感动，就不能写。

总之，不但要挑值得写的题目，还要问那个题目自己能不能写。题目既然值得写，自己又能写，写起来就错不到哪儿去。辨别能不能写，只要问自己对那个题目是否了解得比较确切，感受得比较深刻。

了解和感受还没到能写的程度，只为题目值得写就写，这样的事也往往有。有时候一动手立刻碰到困难，一支笔好像干枯的泉源，渗不出一滴水来。还是用前边举过的例子来说。譬如写创制农具或改良农具的事，那农具的构造怎样，原理怎样，效用怎样，全都似懂非懂，不大清楚，那怎能写下去呢？又如写参加修建十三陵水库的事，除了“热烈”“伟大”“紧张”之类的形容词再没有什么感受可说的，专用一些形容词怎能成篇呢？存心要写这两个题目，当然有办法：暂且把笔放下，再去考察农具的创制或改良的实际情形，再去十三陵好好儿劳动几天。“再去”之后，有了了解和感受，自然就能写了。

题目虽然值得写，作者了解得不怎么确切，感受得不怎么深刻，就没法写。没法写而硬要写，那不是练习写东西的好办法，得不到练习的好处。咱们要养成这么一种习惯，非了解得比较确切不写，非感受得比较深刻不写，这才练习一回有一回的长进。（这儿用“练习”这个词，不要以为小看了咱们自己。咱们要学生练习作文，咱们自己每一回动笔，其实也是练习的性质。谁敢说自己写东西已经达到神乎其技的地步，从整个内容到一词一句全都无懈可击呢?)

写东西总是准备给人家读的，所以非为读者着想不可。读者乐意读的正是咱们的了解和感受。道理很简单，他们读了咱们所写的东西，了解了咱们所了解的，感受了咱们所感受的，思想感情起了交流作用，经验范围从而扩大了，哪有不乐意的？咱们不妨站在读者的地位问一问自己：如果自己是读者，对自己正要写的那篇东西是不是乐意读？读了是不是有一些好处？如果是的，写起来更可以保证错不到哪儿去。

1958 年 6 月 26 日作。

刊 7 月 4 日《教师报》，署名叶圣陶。

载《叶圣陶集》15 卷，159～175 页。

延伸

写作方法是很多人关注的，知道方法还只是知道了标准，这是静态的知识。而要真正达到这个标准，还需要不断地实践。在实践中积累经验，此种经验让作者知道在什么情况下使用什么方法，这就是策略性知识。当可以正确地运用这些策略的时候，就具备了写作能力。在叶老看来，写作最重要的是养成正确的语言习惯。

教写作方法的书有很多，但是学生并不能凭借这些方法而实现写作上的进步，原因是中间少了实践和总结的环节。

语文教师是否应该反思一下自己对写作的认识，反思自己是如何教学生写作的，是如何评判学生的作文的？这些做法必将深刻地影响着学生的写作。

叶老不厌其烦地论述写作，会让读者有反反复复地强调的感觉。这背后是怎样的思想支撑，如何从这些论述中发现写作的规律，看到写作的发展？叶老有他的历史局限性，那个时代距离科举时代还比较近，“代圣贤立言”的现象还有遗存，所以说写作应该是极平常的事。那个时代，刚刚从文言走向白话，所以提倡写作就是说话。

当今这个时代，语文教师应该怎样指导学生写作？这是一个很严肃的问题。教师应该本着立诚的思想——为了学生的生命成长，需要好好思考，好好实践。

附　录

新学制初级中学国语课程纲要（草案）

背景提示

叶老拟订的课程纲要草案与正式定稿是有区别的。区别在于叶老拟订的草案更详细，而定稿简略些。

此课程纲要分为目的、内容、说明三个部分，各个部分之间是相互联系的。目的部分简要说明了学生学习语文课要达到的四项标准。内容部分简要阐明了本科要旨，然后从作业支配、学分分配、段落支配三个方面详细规定了读书、写作、习字的内容和要求。说明部分对如何实施进行了介绍。

此课程纲要是叶老语文教学思想的综合体现，其中明确了写作的目标、途径、方法，也指出了阅读和写作的关系。

【原文】

一　目的：

（1）**使学生有自由发展思想的能力**。

（2）使学生能看平易的古书。

（3）**使学生能作文法通顺的文字**。

(4) 使学生发生研究中国文学的兴趣。

二 内容：

本科要旨，在与小学国语课程衔接，借以较充分的练习运用文字的能力，并涵养文学趣味，由了解语体文，进而了解文体文，由浅及深，自成一圆周，并为高中国语国文的基础。

本科作业支配，分：

(一) 读书：

(1) 精读选文，由教师拣定一种书本详细诵读研摩；大半在课内直接讨论。

(2) 略读丛书专集等（由教师指定），参阅笔记，求得其大意；大半由学生自修，一部分在课内讨论。

(二) 作文：

(1) 定期的作文。

(2) 无定期的作文和笔记。

(3) 定期的文法讨论。

(4) 定期的演说辩论。

(三) 习字：

(1) 名人书法的赏鉴。

(2) 楷书或行书的练习。

本科学分分配：

(一) 读书：

(1) 精读，占十四学分；

(2) 略读，占六学分。

(二) 作文：

(1) 作文和笔记，占四学分；

(2) 文法讨论，占三学分；

(3) 演说辩论，占三学分。

（三）写字，占二学分。

本科课程，如各科，以段落分配。（各科支配，不把学年为标准，而分为数段落，以便在三学年内活动。）但国语课程，除写字可在三学年中活动外，余如读书作文、仍以三学年平均支配为善；所以本课程分做三大段落，是便于三学年平均支配的缘故，三段落支配概要如后：

第一段落

一、在下列范围内的选文精读：

（1）语体或与日报中记事议论小说相当的文体文。语体文占四分之三。

（2）传记、或小说、或诗歌、或古文译作、或杂文。以传记小说诗歌为主。

（3）包含勇敢、冒险等事实，关系个人修养，或社会问题的。

（4）以现在和明清以来的名作为主。

二、程度与本时期所读选文相当的丛书或专集等略读研究。如《胡适短篇小说》、梁启超《欧游心影录》、吴敬恒《上下古今谈》、《西游记》、《点滴》、《三国演义》……

三、命题或不命题的作文，和文体译作语体的译文及笔记等；并归纳的研究文法。作文以语体为主，兼习文体文；文法研究以句、标点、词和单句复句等的分析为主。

四、清明元宋唐历代名人书法的赏鉴，和一种楷书或行书碑帖的临写。

第二段落

一、在下列范围内的选文精读：

（1）语体或与《桃花源记》程度相当的文体文。语体约占四分之二。

（2）仍以传记小说诗歌为主。

（3）包含冒险、文雅等事实，关系个人修养、或社会问题的。

（4）以元宋唐与六朝浅易的名作为主。

二、程度与本时期所读选文相当的丛书或专集等略读研究。如《现代小说译丛》、《镜花缘》、《爱罗先坷童话集》、《唐诗三百首》（律诗等）、唐宋八家文选……

三、**作文释文笔记和文法研究。作文语体文体约各半，文法研究以篇章章法为主。**

四、同第一段落，加唐宋六朝名人书法的赏鉴。

第三段落

一、在下列范围内的选文精读：

（1）语体或与《项羽本纪》程度相当的文体文。语体占四分之一。

（2）仍以传记小说诗歌为主，加语体文译作。

（3）包含文雅、贞静等事实，关系个人修养，或婚姻问题、家庭问题、社会问题的。

（4）以汉秦战国浅易的名作为主。

二、程度与本时期所读选文相当的丛书或专籍等略读研究。如《战国策》、《古诗源》、《域外小说集》、《史记、左传读本》……

三、**作文译文笔记和文法研究。作文以文体为主，兼及语体；文法研究注重修辞法。加论理学大意。**

四、行书练习，并六朝汉魏名人碑帖的赏鉴。

说明

一、选文注重传记、小说、诗歌，不但可以涵养文学趣味，文章法式也自然包括在内。

二、参阅的书籍仍以兴趣为主，学术等文次之。因为少年期的学生，正在心性活动的时候，读有兴趣的文章，方可以引之入胜。

三、参阅之书籍，上所举例，不过以示一般。如有更善于此的书籍，当然取而替代。

四、文法研究，宜随机会，用比较归纳的方法，寻出文章的通则来，作文中最多研究文法的机会，所以系在作文项下，但仍须与精读的选文联络。

五、演说辩论，最足以整理思想为作文之助，所以也系在作文项下。

三　毕业最低限度标准：

(1) 阅读普通参考书报能了解大意者。

(2) 作普通应用文，能清楚达意，于文法上无重大错误者。

(3) 能欣赏浅近文学作品者。

1923年5月1日，叶绍钧、顾颉刚作。

为商务印书馆《新学制初级中学国语教科书》拟。

载《叶圣陶集》16卷，3～7页。

六年一贯制中学国文课程标准

背景提示

叶圣陶日记：

廿六日（星期四）　今日开始，为汤茂如作六年一贯制中学之课程标准。以教部标准为蓝本而略加斟酌损益，并非难事，大约三天可以作毕。

得子恺信，言下学年将担任浙大“现代文学”课程，提出其所拟纲要相商。附言病后身体就衰，鬓发已斑白矣。

廿七日（星期五）　续作课程标准，至下午四时停笔。

此标准是叶老在当时教育部颁布的标准的基础上拟订的，既有区别，又有联系。本标准对“写作什么”和“怎样写作”做了很详细的说明。关于如何从阅读中学习写作，比上一个课程标准更有针对性。

如果有一份这样的课程标准，可以发现写作教学变得不是那么漫无目的，也不会毫无策略和方法。新中国成立后的语文课程标准和教学大纲对此都规定得比较详细，显然是受了这份课程标准的影响。对照现在的语文课程标准，读者肯定会发现很多的不同。

【原文】

第一　目标

一、使学生应用关于本国语言文字之训练，自外吸收其所需要，自内发表其所蕴蓄。

二、养成阅读书籍之习惯，培植欣赏文学之能力。

三、使学生从代表民族人物之传记及其作品中，了解固有文化，增强民族意识。

四、完成应用语体写作之训练，并应用普通文言（非古文）叙事说理表情达意之能力。

五、诱发文学上创作之能力。

注：以上五项，“一”为总纲，“二”“三”属于阅读方面，“四”“五”属于写作方面。

第二　时间支配

第一学年每周六小时，第二、三、四学年每周五小时，第五、六学年每周四小时，其分配如下：

第一学年，精读指导三小时，略读指导两小时，**习作一小时**；

第二、三、四学年，精读指导三小时，略读指导一小时，**习作一小时**；

第五、六学年，精读指导两小时，略读指导一小时，**习作一小时**。

第三　教材大纲

一、精读选材适用下列百分比：

第一、二学年，记叙文（包括白话描写文）占百分之三十，抒情文、说明文各占百分之二十，议论文、小说诗歌及戏剧、应用文各占百分之十；

第三、四学年，记叙文减至百分之二十，抒情文减至百分之十五，说明文增至百分之二十五，议论文、小说诗歌及戏剧各增至百分之十五，应用文仍旧。

第五、六学年，记叙文减至百分之十五，抒情文、小说诗歌及戏剧仍各占一百分之十五，说明文仍占百分之二十五，议论文增至百分之二十，应用文仍旧。

注一：记叙文之根据在对外有所知识，说明文、议论文之根据在从中有所了解；**在训练写作之程序上，应先注重前者，而后及于后者。故选材之分配，前者递减而后者递增**。

注二：抒情文于记叙文为近，故亦取递减办法。

注三：小说诗歌及戏剧为纯文学，必渐有深造而后能欣赏，故取递增办法。

注四：应用文门类繁多，皆须熟习其体式而后可以言应用，故各学年均占百分之十。

注五：此项比例得酌量情形略为伸缩。

二、选文排列之原则：内容方面，以背景之亲近者，需要之迫切者，头绪之简单者列前，否则列后；形式方面，以需要之迫切者，结构之普通者，规律之简单者列前，否则列后。若干篇之内容或形式共通者，类似者，相反相成者，集为一组，成一单元。

注：通常言浅深，漫无标准，今此一项之前半为浅深之标准。

三、语体与文言并选，语体递减，文言递增。第一、二学年约为七与三，第三、四学年约为五与五，第五、六学年约为三与七之比例。

四、第一、二学年之文言，但取应用文言语汇文言语调之作，不必为古文。第三、四、五、六学年，则取国人所必读之名篇，唯求精熟，不期齐备。

注：所谓“必读之名篇”，指足以了解固有文化，增强民族意识，及培植欣赏文学之能力者而言。所谓“不期齐备”，言不必取每一作家每一流派之作而遍读之。使中学生读每一作家每一流派之作，博而寡要，难得实益。至脱离作品而授文学史大纲，徒令记忆人名、书名、派别、流变，尤属无谓。

五、选文不限于短什单篇，得从要籍名著之篇章中摘取之。

六、文章法则于精读时间内讨论之，包括①语法（句式、词位、词性），②语体文言之语法的比较研究，③修辞，④文章体裁（即教材大纲所列各种文体之性质及结构等）。皆以精读文篇及略读书籍为实例，期其于习作时能斟酌应用。

七、略读书籍除定期刊物外，每学期至少共同读毕两种。阅读于课外行之，课内则为读书方法、读书心得，书籍之内容与技术等项讨论之。

八、书法之练习于课外行之；唯每周须作关于书法之指导与批评，其时间得酌量于规定钟点内划出之。

第四　实施方法概要

一、教材标准

甲、精读部分

①（略）

② 足以表见固有文化发扬民族精神者。

③ 合于现代生活及学生身心发育之程序者。

④ 与各科相联络，足以增进各科读写之能力者。

⑤ 叙述明晰，说理透切，描写真实，抒情恳挚，句读确当，音节谐适，而无语法上论理上之错误者。

乙、略读部分

选用读物之标准，除适用精读部分所列举之五条外，并略举其范围如下：

①②③（略）

④ 中外名人传记及自成系统之历史记载；

⑤ 有诠释之要籍名著节本；

⑥ 古人语录及近人演讲集；

⑦ 古今名家书牍、游记、日记及笔记；

⑧ 古今小品文及小说；

⑨ 有诠释之诗词选本；

⑩ 有价值之歌剧、话剧及民间文学；

⑪ 外国文学名著之译本；

⑫ 切实适用之关于文章法则之书籍；

⑬ 适合学生程度之定期刊物。

二、教法要点

甲、精读部分

① 为养成阅读之优良习惯起见，每授一篇，必先令学生预习。预习之工作为：㈠运用工具书、参考书，以解决词语、典实方面的疑难，获得作者及文体方面之认识；㈡从作者的意念发展之途径，观及表达方法；㈢通读全文，由了解而进于领会；㈣解答教师所提示，或自己发现之问题，预备于上课时间讨论之，等项。

② 学生预习所得，必令书于笔记簿，以备参考。

注：一般笔记簿仅书教师板书之注释与表解等，非学生自力攻究之成绩，殊未得笔记之用。

③ 关于预习各篇之具体方法应由教师提示之。于初年级，提示务须详尽。由中年级而至高年级，渐次减少，期学生之自为发现。

注：所谓具体方法，如疑难词句之摘出，参考书籍之搜取，作者身世之了知，时代背景之认识，文章组织与风格之分析等。

④ 上课时应取讨论方式，就学生预习所得而讨论之。其有不合，则为之订正；其有未尽，则为之补充；其有弗及，则为之阐发。整篇由教师讲解之方式，足以阻遏学生阅读能力之

发展，以少用为宜。

⑤ 讨论之结果，亦必令学生书于笔记簿，以与预习所得相比照。

⑥ 所授文篇，教师必为范读（语体之读法，以运用国语之腔调为原则）。并令学生于不妨碍他人工作之范围内，按篇诵读，不求强记而自臻纯熟。

⑦ 精读文篇，应于相当时期予以复习，或取一组之文篇而复习之，或于各组中提出有关之若干篇，令为分析、综合、比较之研究。

⑧ 随时考查成绩，其方法为㈠讲解，㈡问答，㈢测验，㈣默写或背诵，㈤轮流报告及讨论，㈥检查笔记等项。

乙、略读部分

① 为养成读书之优良习惯起见，于㈠循览序文，㈡检阅目录，㈢搜集参考材料，㈣采访书籍批评，㈤随时写作读书笔记诸事，必令学生尽其所能，认真为之。

② 关于阅读各书之具体方法，应由教师提示之。于初年级提示务须详尽。由中年级而至高年级渐次减少，期学生之自为发见。

注：所谓具体方法，因书而不同。或仅须摄取其内容，或兼当欣赏其文采，或质文俱美，宜识其真，或瑕瑜互见，宜知取舍，或涉猎一过即可了事，或涵濡再三方能释卷，或但观本书已无遗憾，或傍及他作始克通晓，必各如所宜，乃为善读。

③ 就学生所读书籍，提出问题，令作有系统之研究。

④ 课内循次讨论阅读某一部分之实际经验；及全书读毕，则就全书之内容形式与学生研究之结果而为总讨论。

⑤ 讨论之结果，亦必令书于读书笔记，以与随读随书之笔记相

比照。

⑥ 学生阅书之速度与正确度，应设法使其随时递增。

⑦ 应定期或临时考查成绩，其方法除与考查精读成绩之㈡㈢㈤㈥四项相同外，更可令作读书报告。

注："略读’者，并非但求知其大意不必精细阅读之谓。盖谓学生于"精读"方面养成阅读之优良习惯，更令"略读"期其应用此习惯于篇幅较多之书籍，不必待教师纤屑不遗之指导，而亦能如"精读"之领会无余。故"略读"之"略"，决非"简略"，尤非"忽略"之意。

丙、文章法则部分

① **讨论语法修辞及文章体裁，应着眼于㈠达意表情之实际经验，㈡修辞立诚之自然需求，㈢内容与形式之不可分离诸点。专门术语之运用，应减至最少限度。抽象而难以捉摸之用语，架空而不顾内容之法式，徒乱人意，尤宜避免。**

注：抽象而难以捉摸之用语，如修辞方面之"豪迈""俊逸""富丽""闲适"等。架空而不顾内容之法式，如结构方面之"直起法""反起法""衬托法""抑扬法"等。

② 文章法则之讨论，应与精读文篇及略读书籍密切联系，不必循语法、修辞、文章体裁之原有系统。但六学年之中，于此三方面切用之要点，应求其遍及，且使学生由知识而进于习惯。

注一：语体语法之要点，应于一、二学年遍及。

注二：修辞为发言为文之必要功夫，非徒为藻饰之举，故于初学年即为讨论，亦不嫌难早。

③ 应注重语体语法与文言语法之比较。古书中之语法特例亦应分别讨论。

注：语体语法与文言语法之比较，初学年即应注重。古书中之

语法特例，则于五、六学年讨论之。

④ 于文章之风格、体裁，应作分析之研究，使学生由分析而达到了解，由了解而进于欣赏。

⑤ 学生之习作，亦为本部分之讨论材料，务使学生于其所作无论全与不全，皆能心知其故。

丁、习作部分

① 每两星期作文一次，于课内行之。动笔以前须加指导。作成之后须有个别或共同之批评。改笔以就原意，正其论理上语法上之错误为原则；凡遇错误，必使学生心知其故，以后勿蹈故辙。

注：动笔以前之指导，如材料之取舍与排列，体裁之抉择与运用等。

② 应揣知学生之所蕴蓄，而后命题。非其所蕴蓄，不使强为。空浮虚廓之论说题绝对不宜出。

③ 命题之外，训练习作，可用下列各法：

㈠ 翻译　1. 令译文言为语体，2. 令译语体为文言，3. 令译古韵文为语体散文，4. 令译英国短篇文为本国语体或文言等。

㈡ 整理材料　供给零碎材料，令学生作一有系统之文字。

㈢ 变易文字之繁简　示以简约文字，令就原意演绎；或示以冗长文字，令节简之。

㈣ 写生　提示事物令实际描写。

㈤ 记录　令作日记、游记、参观记、听讲笔记、读书笔记等。

㈥ 实习报告　令作理科及劳作之实习报告。

㈦ 应用文件　令应其所需作应用文件。

㈧ 修改　示以不甚妥适通顺之文字，令修改之。

㈨ 专题研究　提出研究题目，令学生搜集材料，试作论文。

㈩ 文学作品　令试作小说诗歌戏剧等。

④ 书法训练，除于课内依字体分类逐类予以指导外，应注意课外楷书行书之练习；先求整洁，次及美观，作文本及笔记本亦可为考查书法成绩之资料。

注一：所谓依字体分类，指人旁水旁字等为一类，从辶从廴字等为一类，从支从欠字等为一类而言。

注二：行书于第三学年开始练习。

1940 年 12 月 29 日作。

刊次年《中等教育季刊》1 卷 2 期，署名叶绍钧。

载《叶圣陶集》16 卷，36～44 页。

中学语文科课程标准（草稿）

背景提示

从此课程标准来看，可以发现其与前面的课程标准略有区别。新中国刚刚成立，叶老非常认同国家的核心价值观，希望广大教师认同并执行，把国家的未来与语文教学的现实结合起来，为国家培养人才。

此标准中，关于写作的部分是比较详尽的，从写作的理念以及命题、修改等方面给语文教师明确了标准，也提出了具体的实施建议。这些理念和建议，在今天看来仍然适用，如“顺应学生身心的发育和生活经验的扩展，逐步的培养他们凭我国语言文字吸收经验表达情意的知能”“文字的修改是一种思索过程”。

【原文】

一、目标

中学语文科课程依照《中学课程标准总纲》的规定，根据本科的性质和范围，以下列两项为目标：

1. 通过语言文字的学习，从感性的认识出发，在学生的情操和意志方面，培养他们

（一）对劳动跟劳动人民的热爱，

（二）对祖国的无限忠诚，

（三）随时准备去克服困难战胜敌人的决心和勇气，

（四）服从公共纪律爱护公共财物的集体主义精神。

2. 顺应学生身心的发育和生活经验的扩展，逐步的培养他们凭我国语言文字吸收经验表达情意的知能。

（一）初中

① 听人说话：能够了解对方的要旨，不发生误会。又能够加以评判，对或不对，妥当或不妥当，都说得出个所以然。

② 对个人或公众能够说出自己的意思，能够作辩论，不虚浮，不夸张，老老实实，诚中形外。说话又能够不违背论理和我国的语言习惯，明确，干净，不含胡，不罗嗦。

③ 能够就语汇、语法、修辞格三方面区别方言和普通话，能够彼此转译，达到相对的准确。

④ 能够自由阅读适合程度的各种书籍、报章、杂志、文件，遇有疑难，凭自己的翻检和参考大部分能够解决。

⑤ **能够写出自己的意思，像第②条所说的。**

（二）高中

① 听话、说话、阅读、写作四项，承接着初中的第①②④⑤四条，更求其提高。

② 能够通解普通文言。能够辨明口语和文言的区别，把文言转译成口语达到相对的准确。

说明：

1. 中学课程应该和小学课程衔接，凡是小学课程标准中已经说明了的，这一份里不再复述。

2. 高中的阅读包括文艺欣赏。

3. 所谓普通文言就是明白易晓的古文。为接受以前的文化，为参考需用的书籍，高中学生有通解普通文言的必要。

4. 普通话、方言、文言的区别在语汇、语法、修辞格三方面。中等学生固然不必像专门家似的研究这些，但是有一点辨别能力有实际的益处。第一，听与读两方面可以排除障碍，深解内容。第二，表达不致有混杂不纯的弊病。

二、教材

① 中学语文教材，就精神说，要符合目标第一项所规定的各点；就内容说，必然的涉及各科，以各科的内容为内容；就品质说，要朴实、精确，足以为目标第二项的模范；就体裁说，要包括一般人在生活上所触及的各类文学（不列举），高中要选读若干明白易晓的古文，以能够通解普通文言为目标。

② 中学语文教材除单篇的文字而外，兼采书本的一章一节，高中阶段兼采现代语的整本的书。

③ 教材的性质同于样品，熟悉了样品，也就可以理解同类的货色。可是阅读要养成习惯才有实用，所以课外阅读的鼓励和指导必须配合着教材随时进行。换句话说，课外书也该认作一项教材。

说明：

1. 教材的选择，第①条是原则，再配上学生的生活实际与学习程度，错综的加以编排。具体的篇目、书目要待编辑的时候决定，预定某种某类占多少的百分比恐怕没有多大用处，实际编辑的时候总不免要更动。编辑的成功与否自然要看选材的得当不得当，不能单看原则。

2. 中学语文教材不宜偏重文艺，虽然高中有文艺欣赏的项目。语文的范围广，文艺占其中的一部分。偏重了文艺，忽略了非文艺的各类文字，学生就减少了生活上的若干受用，这是语文教学的缺点。

3. 单篇教材后面要列出“提示”的项目，或者摘出要点，或者举列疑难，或者提出问题，或者指导参证，目的在引导学生依着一条线索彻底了解教材的本身。阅读整本的书的时候，也要列出“纲要”，目的同上。

4. 语法、修辞法、作文法、思想方法都不作孤立的教学，孤立的教学徒然研讨一些死知识，劳而少功；必须就实际的听、说、阅读之中相机提出教材。

5．一个人取教材来念，其余的人听他，这时候，教材在念的人就是说的教材，在听的人就是听的教材。这说与听要和日常的说与听联系，以求能力的逐渐提高。

三、教学要点

① 要使学生尽量自求了解，在没法彻底了解的时候，教师才给他们说明，订正，补充。不作逐字逐句的机械讲解。

② 要强调预习，预习是自求了解的重要步骤。课内多采用讨论会的方式，教师也是一个会员，至多处于主席的地位。

③ 除了课内的说话听话，课外的演讲会、辩论会等也该是语文科的重要项目。乃至日常的说话与听话，语文教师也得多费一分心，随时帮助学生求进步。

④ 要作课外阅读的指导。某种书该怎么阅读，参考些什么，可以与哪些实际联系起来，这些项目固然最好由学生自己解决，可是教师总得给他们安排一条探索的道路。

⑤ 语法、修辞法、作文法、思想方法要从实际的听、说、阅读之中多多提出实例，让学生自己去发见种种的法则。

⑥ 普通话、方言、文言的语汇、语法、修辞格三方面，要随时从教材中提出实例，作彼此的比较研究。比较研究不必像专门家那么细密，只要使学生养成这么个习惯就成。

⑦ 不要把作文看作特殊的事项。要养成习惯，要写就写，像口头的要说就说一样。写的时候依据语言，逐渐的达到比语言更精炼，可仍旧是语言。

⑧ 出题练习是诱导发表的途径，目的在达到自由发表。要就学生的实际生活出发，出各式各样的题（题虽然由教师出，仍是学生本身所固有的材料），不勉强学生写他们所没有的材料。

⑨ 出题练习之外，可以由学生自己命题，自己命题就是自由发表。他如写笔记，写日记，写信，写报告，给壁报写稿等项，也需随时鼓励学生们去做。

⑩ 改文以就原文修改，使内容表达得完足切当为主。教师给修改不如学生自己修改。学生个人修改不如共同修改。每一处修改一定要说得出个所以然。自己修改不限于课内作文，要使学生养成习惯，无论写什么都要修改，把修改看作一种思索过程。

说明：

1. 语文科目的之一，是使学生在阅读的时候能够自求了解。了解不了才给学生帮助一下，困惑得解，事半功倍。逐字逐句的机械讲解刚刚与这个办法相反，是教学生们什么都依靠教师，自己不用花一点心思，所以要不得。

2. 课内讨论以“提示”或“纲要”所列的各项目为中心，最后由教师作总结。也可以由学生作总结，教师看情形予以承认或订正。

3. 第⑥条举例：四川人说“莫得钱”“没有来”，文言作“无钱”“未来”，普通话说“没有钱”“没有来”。这个现象可以提出比较研究。比较的结果，知道四川话的“莫得”相当于文言“无”，“没有”相当于文言的“未”，普通话的“没有”相当于四川话的“莫得”“没有”，文言的“无”“未”。这种比较研究的习惯养成了，读书，听话，谈话，各处来往，都有受用。

4. **“把作文看作特殊的事项”是科举时代传下来的弊病，到今天还存留在学校教育里。反过来，要把作文看作日常生活中的事项，为有实际的需要才作文，没有需要就不必作。所谓“写的时候依据语言”，就是要上口，可以说；要顺耳，可以听。现代文字写口语，就在依靠口耳，说得来，听得懂。假如不顾到这一点，何不像从前一样写文言?**

5. **高中学生也不必写文言。学习文言的目的只在能够阅读普通**

文言的书籍。像《尚书》《楚辞》“骈文”之类，高中毕业程度的人也没有阅读的必要。

6. 教师要深入学生的生活，出题才能就学生的实际生活出发。这一点照理说该可以办到，尽职的教师哪有不深入学生的生活的?

7. 一个词用得合适不合适，一个虚字该补上还是该删掉，都是内容问题，不是“文字问题”。语言既然是表达内容的唯一工具，只有把语言运用得的当，才能表达得到家。在选择推敲的时候，本来含浑的内容渐渐的明确化具体化了。所以说文字的修改是一种思索过程。

1949 年 8 月 16 日作。

刊《中学语文教育》次年 6 期，署名叶圣陶。

载《叶圣陶集》16 卷，113～118 页。

《国文百八课》中的写作体系

一、文章

第一册

第一课　文章面面观

第二课　文言体和语体（一）

第三课　文言体和语体（二）

第五课　文章的分类

第三册

第三课　韵文和散文

第四册

第一课　知的文和情的文

第二课　学术文

第十二课　意的文

二、文体

（一）记叙文

第一册

第十课　记述和叙述

第十一课　记述的顺序

第十二课　叙述的顺序

第十三课　记叙的题材

第十四课　材料的判别和取舍

第十五课　叙述的快慢

第十六课　叙述的倒错

第十七课　过去的现在化

第十八课　观点的一致与移动

第二册

第一课　日记

第二课　游记

第三课　随笔

第十四课　记叙与描写

第三册

第一课　记叙文与小说

第二课　小说的真实性

（二）说明文

第三册

第七课　说明书

第八课　说明和记述

第九课　说明和叙述

第十课　说明和议论

第十一课　说明的方法

（三）议论文

第三册

第十二课　类型的事物

第十三课　抽象的事理

第十四课　事物的异同

第十五课　事物间的关系

第十六课　事物的处理法

第四册

第十三课　议论文的主旨

第十四课　立论和驳论

第十五课　议论文的变装
第十六课　推理方式一——演绎
第十七课　推理方式二——归纳
第十八课　推理方式三——辩证

（四）其他文类

第一册

第六课　应用文
第七课　书信的体式
第八课　书信和礼仪
第九课　书信和诸文体

第三册

第四课　诗的本质
第六课　报告书

第四册

第四课　戏剧
第六课　抒情诗
第七课　叙事诗
第八课　律诗
第九课　仪式文（一）
第十课　仪式文（二）
第十一课　宣言

三、文法

第一册

第四课　作者意见的有无

第二册

第四课　直接经验和间接经验
第五课　间接经验的证明

第六课　第一人称的立脚点
第七课　第二人称的立脚点
第八课　第三人称的立脚点
第九课　叙述的场面
第十课　事物与心情
第十一课　情感的流露
第十二课　抒情的方式
第十三课　情绪与情操
第十五课　印象
第十六课　景物描写
第十七课　人物描写
第十八课　背景
第三册
第五课　暗示
第十七课　语义的诠释
第十八课　独语式和问答式
第四册
第三课　对话
第五课　文章中的会话

叶圣陶写作教学思想的关键词

训练：就是要使学生学的东西变成他们自己的东西。（《叶圣陶集》15卷，180页）

习作：就是学习写文章。（《叶圣陶集》15卷，119页）

叙述：我们既做了观察的工夫，客观的事物就为我们所认识、所了知了，如实地写录下来，便是叙述。（《叶圣陶集》15卷，33页）

抒情：就是发抒作者的情感。（《叶圣陶集》15卷，42页）

通："词"使用得适合，"篇章"组织得调顺，便是"通"。（《叶圣陶集》15卷，60页）

不通："词"使用得乖谬，"篇章"组织得错乱，便是"不通"。（《叶圣陶集》15卷，60页）

好：说一篇文章里如果具有这两点，大概是可以称为"好"的了。这两点是"诚实"与"精密"。（《叶圣陶集》15卷，65页）

不好：说一篇文章里如果具有这两点，大概是可以称为"好"的了；不具有呢，那便是"不好"。这两点是"诚实"与"精密"。（《叶圣陶集》15卷，65页）

语汇：在心里是意念的单位，在语言里是构成语句的单位。（《叶圣陶集》15卷，130页）

语法：是语句构造的方法。（《叶圣陶集》15卷，131页）

后　记

我曾选编了一本《叶圣陶谈阅读》，从“谈”的角度对叶老的阅读教学思想进行了整理，分为叶圣陶谈阅读课程、叶圣陶谈阅读教材、叶圣陶谈阅读教学、叶圣陶谈阅读方法四部分。阅读与写作是语文的两个重要的组成部分，所以，再选编一本关于叶老写作教学思想方面的书，就成了我的一个愿望。

从怎样的角度来选编这本有关叶老写作教学思想的书呢？我想让这本书更像一本学术著作，因此，最后确定从“论”的角度来编排。写作本身就是思想外化的过程，唯有“论”才能更好地体现逻辑思维的过程。所以，这本书中的文章都是比较正式的“论”文，不只是陈述事实，更重要的是对观点的论证。

叶老关于写作的文章比较多，仅《叶圣陶集》第15卷中就有32篇，本书只选取了“论证”意味比较浓的相关文章。在他论述语文教育的文章中都是听说读写并重的。因此，选编也是一件很难的事情，有时难以取舍，目录反复改过多遍，因为叶老写作的时候并没有明确要向着哪个方面写。选入的这些文章我都反复读过多遍，仍感觉不能完全把握叶老写作教学思想的精髓，只能希望读者自行阅读感悟了。

既然是《叶圣陶谈阅读》的姊妹篇，我希望两本书在体例上大体一致。真正开始实施的时候，我发现这个愿望也很难实现。《叶圣陶谈阅读》一书中，多篇文章前选编了叶老当时记录写作情况的日记，能够给读者一种“现场感”。而选编本书文章时发现，叶老的日记有很多没有发表，这些文章很难找到对应的日记。所以，只能在“背景提示”部分写些与文章有关的简短内容，如文章中的主要观点、论述方式等。

这本书虽然字数不多，却断断续续做了一年多的时间，我都是利用课余时间来思考框架、查阅资料的。我总想，如果自己不在一线做教师，而是一个纯粹的研究者该多好，那就有更多的时间与精力，可以研究得更深入，可以把这本书做得更好。

感谢给我鼓励的很多人，让我有动力把这本书做完。感谢首都师范大学教育学院的硕士生董晓舒为这本书的文字录入和校对工作辛勤付出。

因个人能力所限，所做的导读和延伸肯定还有待推敲之处，恳请尊敬的读者在阅读中指出。

李怀源

2016 年 6 月 6 日

江苏凤凰教育出版社
《行知工程》系列丛书目录

系列	序号	书名	主编	定价
教育家核心思想系列	1	《叶圣陶论写作》	叶圣陶 著 李怀源 选编	30.00
	2	《叶圣陶谈阅读》	叶圣陶 著 李怀源 选编	30.00
	3	《多元智能理论的本土化应用》	刘治富	30.00
	4	《大教育家最具施教力的教学思想》	白刚勋	30.00
教师修炼系列	5	《与学生一起成长——90后教师的心路反思》	王　晗	30.00
	6	《教育，爱与宽容——教师心灵礼仪修炼》	许力争	30.00
教育求索系列	7	《欣说教育那“一亩三分地” ——一位一线教师的教育微思考》	王庆欣	30.00
	8	《爱的守望——一位一线教师对教育的坚守》	林卫红	30.00
	9	《思政教学的人文力量》	戴晓华	30.00
	10	《师道新说——给教育者的30条箴言》	徐　卫	30.00
学生心理解码系列	11	《在人生的春天播种——十四岁，写给青春的一封信》	白宏宽	30.00
	12	《孩子问题行为一点通 ——只有好老师才知道的学生心理谜底》	严育洪	30.00
创新教学探索系列	13	《玩出精彩作文——张化万活动作文教学经典策略》	张化万	35.00
	14	《〈红楼梦〉里的语文课》	李日芳	30.00
	15	《品世界名画，学精彩作文 ——特级教师的“名画”作文教学法》	李日芳	36.00
	16	《让学生把母语用精彩——“语用课堂”的探索与实践》	佘小红	30.00
	17	《“备”出课堂精彩——备学式教学的课堂实践与思考》	张旭兰	30.00
	18	《神奇的阅读教室——带学生踏上美妙的阅读之旅》	李祖文	30.00
	19	《打造有生命力的课堂 ——“两步八环节”教学模式探索与实践》	查联智	30.00
	20	《最能培养学生探究能力的课堂 ——小学科学与信息技术单元整体课程实施与评价》	李怀源	30.00
	21	《最能激发学生运动天赋的课堂 ——小学体育单元整体课程实施与评价》	李怀源	30.00
	22	《最能提升学生艺术素养的课堂 ——小学艺术单元整体课程实施与评价》	李怀源	30.00
	23	《“生命语文”探索——焕发语文生命力的思考与实践》	王自成	30.00

系列	序号	书　名	主编	定价
创新教学探索系列	24	《粘连作文教学：让习作成为有个性的自我建构》	黄瑞夷	30.00
	25	《备学式教学——在体验中建构数学思维》	单广红　范雪梅	30.00
	26	《向着自主进发——自主教育的创新实施智慧》	朱亚红	30.00
	27	《写中学——让学习更有效的学科写作教学》	钟传祎	30.00
	28	《小学科学实验总动员——大科学课堂有效提升学生创新力》	江美华	30.00
	29	《小学语文单元整体课程实施与评价》	李怀源	30.00
	30	《小学英语单元整体课程实施与评价》	李怀源	30.00
	31	《小学数学单元整体课程实施与评价》	李怀源	30.00
	32	《让教学更能激发智慧——"思维碰撞"课堂的建构与实施》	程和方	30.00
校本研修系列	33	《徜徉语文教研》	肖俊宇	35.00
	34	《校本研修资源的开发与利用》	陈朝林	30.00
	35	《校本研修与教师专业成长》	吴积军	30.00
	36	《卓越教师经典研修成长策略》	刘天宝等	30.00
	37	《特色校本课程开发范例解读》	刘永平　李秀伟 张雪梅	30.00
	38	《高效校本研修模型构建艺术》	刘素雁	30.00
	39	《走向实践的教研——中小学教育科研引领与应用》	江　敏	30.00
名校系列	40	《让每个孩子都成志 ——清华附小主题阅读课程的实施探索》	窦桂梅	30.00
	41	《让每个孩子都成志 ——清华附小主题实践课程的实施探索》	窦桂梅	35.00
	42	《向着朝阳走去——清华附小合作办学实践探索》	窦桂梅	30.00
精彩课堂系列	43	《给孩子更好的数学课堂》	易增加	30.00
	44	《小学生阅读素养的提升策略》	邵巧治	35.00
	45	《从语文素养走向生命成长——小学语文读写课堂教学密码》	曾海玲	30.00
	46	《真实的品德课》	朱淑秀	30.00
	47	《英语课堂学习共同体——新型的师生交互学习场》	杨延从	30.00
	48	《指导自主学习——初中数学学与教的研究与实践》	刘其武	30.00
	49	《玩出精彩的课堂——小学低年级教与学方式转变研究》	陶红松	30.00
	50	《让生命之花自主绽放——语文个性化教学建构策略》	商德远	30.00
	51	《让学生亲历知识——主体参与下体验式学习的实施策略》	何世祥	30.00
教育思想者系列	52	《高效教学的道与术——陶继新教育讲演录》	陶继新	30.00
	53	《名校之道——陶继新对话名校长（1）》	陶继新	30.00
	54	《教育，一切从孩子出发》	黄　俭	30.00

系列	序号	书名	主编	定价
教育管理力系列	55	《缔造唯美教育——延奎小学素质教育实施策略》	易增加	30.00
	56	《让普通学校崛起的20个细节——“生命为本”教育团队成长密码》	李其玉	30.00
	57	《“走”出教育的精彩：走动式学校管理文化构建》	罗　军	30.00
	58	《校长兵法：学校管理四十六计》	皮大鹏	30.00
班级文化系列	59	《活力班级的文化建设》	胡　珏	30.00
	60	《做幸福的班主任》	吕　丽	26.00
高效能教学系列	61	《高效能教师的10个好习惯（中学卷）》	张　瑾	30.00
	62	《让作文落地生根——提高写作实效的教学策略》	黄桂林	30.00
	63	《高效能作文教学5项修炼》	陈步华	30.00
	64	《高效能校长的10个好习惯》	张　勤	30.00
	65	《高效能教师的10个好习惯（小学卷）》	谢　英	30.00
	66	《高效能语文教学5项修炼》	王其华	30.00
新课程探索系列	67	《语文新课程的批判与重建》	葛桂斌	30.00
美国名师教学译丛	68	《美国名师游戏教学本土化应用：幼儿园》	（美）玛西娅 L. 泰特 著 胡珍　瞿菁　编译	30.00
	69	《美国名师游戏教学本土化应用：小学英语》	（美）玛西娅 L. 泰特 著 杨永华　张心影　编译	30.00
	70	《美国名师游戏教学本土化应用：小学数学》	（美）玛西娅 L. 泰特 著 谢艳红　编译	30.00
	71	《美国名师游戏教学本土化应用：小学科学》	（美）玛西娅 L. 泰特 著 刘丽萍　编译	30.00
	72	《美国名师游戏教学本土化应用：小学社会》	（美）玛西娅 L. 泰特 著 姜梅芳　编译	30.00
	73	《美国名师游戏教学本土化应用：小学音体美》	（美）玛西娅 L. 泰特 著 尹立志　编译	30.00
鲁派名师名校·教育探索者系列	74	《悦读立人——校园阅读文化体系构建策略》	杨世臣	30.00
	75	《教育智慧何处来——一位特级教师的思考手记》	付立金	30.00
	76	《和雅文化——校本课程的创新构建》	汤善香	30.00
	77	《让个性绽放精彩——学校课程体系整合与创生》	谢建伟　徐淑萍	30.00
	78	《让每个学生都幸福——最能润泽生命的学校文化建设》	谢建伟　张新喜	30.00
生态化校园系列	79	《文化管理——构建生态和谐校园的必由之路》	付全新	30.00
	80	《点燃学习的激情——构建校园生态化学习型组织》	杨树岳	30.00
	81	《课改突围——构建学校生态化教学体系》	杨树岳	30.00

系列	序号	书　　名	主编	定价
教育新思考系列	82	《语文教育向何处去》	王　从	26.00
	83	《教育，就是做好普通的事》	孙志毅	27.00
	84	《走出语文的偏见——让学生体悟文本的原义》	丛智芳	30.00
	85	《让语文教学更高效——批注式阅读教学探索》	韩中凌	30.00
	86	《读写互促——探寻学以致用的语文教学》	曹　龙	30.00
	87	《跳出数学教数学——用文化融通数学教学》	马建秀	27.00
名师感悟系列	88	《让心灵伴着歌声成长——22位音乐名师的教育智慧》	陈　璞	30.00
	89	《超越自我的教师——32位名师的成长感悟》	李卫东　李秀伟	35.00
	90	《心灵的守护者——19位名班主任的教育智慧》	王晓松　曲文弘	30.00
	91	《名师感悟班主任有效工作艺术90例》	符礼科	30.00
	92	《名师感悟有效教学90例》	林高明　徐玉烟	30.00
信息化教学系列	93	《巧用白板教语文——信息技术与语文教学操作指南》	蒋丽清	30.00
	94	《跨越式实现高效课堂——信息技术与课程整合高效教学方案评析》	陈　玲　刘　禹	30.00
教师必读系列	95	《教师必学的16堂修养课》	武宏伟	30.00
	96	《教师不可不知的教学心理效应》	叶勇军	30.00
	97	《班主任不可不知的管理效应》	奚一琴	30.00
	98	《教师不可不知的教育心理效应》	孙　媛	30.00
	99	《校长不可不知的管理效应》	谢申刚　张金豹	30.00
	100	《成为好教师的7项修炼》	王福强　李维华	30.00
	101	《如何让学生会学习》	龙　冰	30.00
	102	《如何让学生爱学习》	周震宇　许小燕	30.00
核心教学主张系列	103	《新生代语文名师核心教学主张》	许友兰	30.00
行思讲坛系列	104	《灵动而朴素地教语文——潘文彬的微格教育生活》	潘文彬	30.00
	105	《师爱无疆——润泽学生心灵的教育故事》	侯忠彦	30.00
	106	《怎样反思更有效——促进教师专业发展的反思策略》	诸贝贝	30.00
	107	《成为高度自觉的教育者——写给后课标时代的数学教师》	许卫兵	30.00
	108	《哲思数学课》	刘全祥	30.00
	109	《智慧数学课——黄爱华教学思维的实践策略》	黄爱华	30.00

系列	序号	书　　名	主编	定价
行思讲坛系列	110	《童趣数学课》	徐　芳	30.00
	111	《把学生教聪明》	严育洪	30.00
	112	《教师最应该规避的教育误区》	杨坤道	30.00
	113	《用语文的方式教语文——潘文彬教学主张与实践智慧》	潘文彬	30.00
	114	《怎样让阅读教学更有效——提升教学能力的十种读诵模式》	汪秀梅	28.00
	115	《让生命在润泽中起舞——当代小学生最需要的主题班会》	吴联星　罗　琳　冯卫东	30.00
	116	《让生命欢快拔节——当代中学生最需要的主题班会》	冯卫东　吴联星	30.00
	117	《课堂因生成而精彩——高效教学的生成智慧》	张文质	30.00
	118	《回到每一个人的生命化教育——张文质二甲中学教育行动录》	张文质	30.00
中国教育变革之路丛书	119	《百年树人师何为——教师队伍建设困顿与出路》	将丽珠　李玉向	30.00
	120	《入园何时不再难——学前教育困惑与抉择》	曾晓东　范　昕　周　慧	30.00
	121	《三尺书桌何处寻——流动人口子女教育困难与破解》	范先佐	30.00
	122	《苦旅何以得纾解——高考改革困境与突破》	郑若玲	30.00
	123	《择校纠结何时了——择校问题困局与治理》	曾晓东　周文海　曾娅琴	30.00
创新教学思想系列	124	《“大问题”教学的形与神》	黄爱华　张文质	30.00
校长领导力系列	125	《高品质学校生长要素》	王益民	30.00
	126	《校长高校教学领导力提升策略》	徐世贵　郭文哿	30.00
教育漫笔系列	127	《课堂，诗意地栖居》	吴书华	30.00
新思维系列	128	《教育中的“不一定”——打破教育的19种思维惯式》	严育洪	30.00
教学提升系列	129	《有思想地教阅读——让学生学会品读文字真意》	王学东	30.00
教育艺术提升系列	130	《藏在师生体态语言里的教学智慧》	张　宇　廖生波	30.00

系列	序号	书　　名	主编	定价
教学全手册系列	131	《小学习作教学全手册》	郭家海	30.00
	132	《中学写作教学全手册》	郭家海	30.00
	133	《情境教学操作全手册》	冯卫东	35.00
	134	《合作教学操作全手册》	李春华	35.00
	135	《探究教学操作全手册》	周新桂	35.00
	136	《自主教学操作全手册》	诸葛彪	35.00
	137	《创新教学操作全手册》	王　玮	35.00
	138	《班主任工作全手册》	刘沛华	35.00
	139	《新教师工作全手册》	周震宇	35.00
	140	《学生心理健康教育全手册》	刘海莉　刘春杰	35.00
	141	《高效教学操作全手册》	马友平	35.00
创新人才培养系列	142	《创新人才培养校园科普精品课程开发与指导 ——人大附中创新人才培养》	罗　滨	30.00
	143	《创新人才培养特色校本课程开发与创新人才培养 ——清华附中“国际安全下的科学技术”课程构建与实施》	王殿军　方　研 赵宏雁	30.00
	144	《创新人才培养：学校实验室建设与管理》	刘克文 杨发丽　杨　平	30.00
	145	《创新人才培养：数学探究活动开发与指导》	马云朋　韩继伟	30.00
	146	《创新人才培养：化学研究活动开发与指导》	王　磊	30.00
	147	《创新人才培养：物理探究活动开发与指导》	廖伯琴	30.00
	148	《创新人才培养：地理探究活动开发与指导》	张建珍　陈　澄	30.00
	149	《创新人才培养：生物探究活动开发与指导》	张迎春	30.00
	150	《创新人才培养：理念探索与思维突破》	王晶莹	30.00
新生代通派名师系列	151	《简约数学教学》	许卫兵	30.00
	152	《语文教学的本真——情意课堂展现母语之美》	吴建英	30.00
	153	《语文课堂的理想追求——欢快达成三维目标》	董一红	30.00
	154	《阅读教学的真髓——意象构建读出文学的真美》	祝　禧	30.00
	155	《美术教育的真谛——审美人生教育让生命绚丽成长》	陈铁梅	30.00
	156	《语文教学的理想境界——无痕教学润泽生命》	李　凤	30.00
	157	《儿童作文的本义——嬉乐作文让儿童乐并成长着》	王笑梅	30.00
	158	《名师是怎样炼成的》	王建明　王笑君	35.00
幼师成长系列	159	《幼儿行为背后——教师如何读懂幼儿的心思》	吴亚英	30.00
	160	《最具教育力的22种幼儿教育思想》	杨　达	30.00
	161	《幼儿教师必知的安全应急措施》	杨　达	30.00
	162	《幼儿教师必备的教育技能》	李　玲	30.00
	163	《卓越园长21条幼儿园管理策略》	周　丹　江东秋	30.00